スポーツ歴史の検証

1964年東京大会を支えた人びと

企画・制作 笹川スポーツ財団

新紀元社

東京大会のために改装された国立競技場の空撮

東京オリンピックに向けて整備された首都高速道路

建設中の国立代々木競技場

1964東京オリンピック開会式で空に描かれた五輪

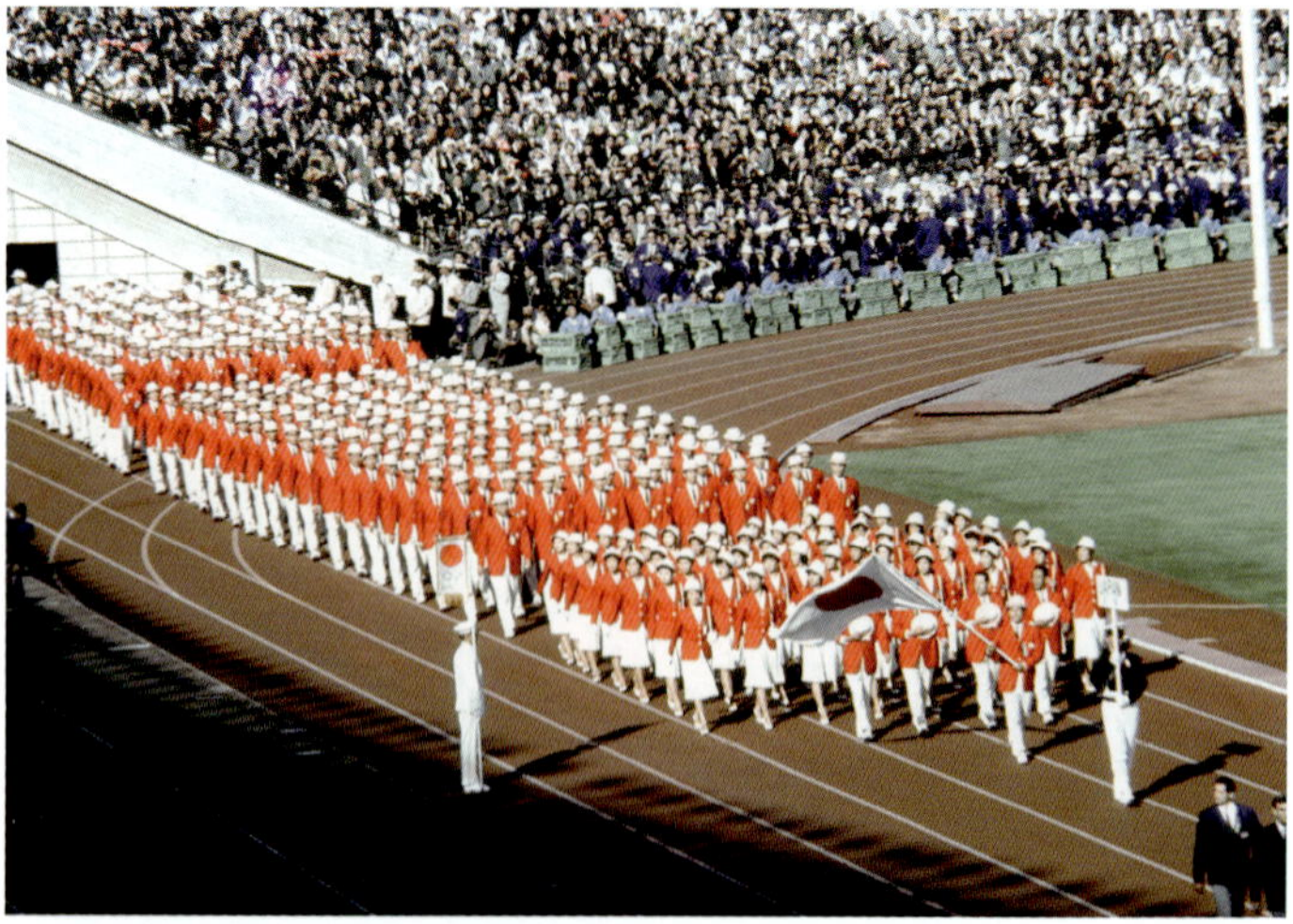

東京オリンピック開会式で入場する日本選手団

東京オリンピック開会式で選手宣誓を行う日本選手団小野喬

オリンピック団体5連覇の偉業を成し遂げた日本の男子体操を牽引した小野喬

東京オリンピックマラソンで銅メダルを獲得した円谷幸吉（後ろ）

はじめに

戦後の焼け野原から復興し、都市の整備が進められていた東京。高度経済成長を遂げる中で自信を取り戻しつつあった日本。多くの国民がその開催を待ち望み、有形無形のレガシーを遺した１９６４年開催の東京オリンピック、そしてパラリンピック。大会で生まれたドラマとその感動は未だ多くの国民に語り続けられています。

本書は、公益財団法人 笹川スポーツ財団が実施した２０１７年度事業「スポーツ歴史の検証」の報告書をまとめたもので、「１９６４年大会を支えた人びと」がテーマです。立場の異なる沢山の方々が日本の未来に夢を描き、大会成功という共通目標の達成に邁進されたことが、あらためて検証されました。それぞれの関わりには偶然と必然があり、その動機にも自発的なものと受動的なものがありますが、登場する皆さんに共通することは、実話であるがゆえに興味深く、面白く、そして示唆に富んでいることです。本書を通じて、１９６４年大会を様々な角度から立体的に理解することができると思います。

「１９４０年に開催されるはずの東京オリンピックが戦争で中止となり、さらに東京は焼け野原になった。そうした経緯のもとで、ようやく東京でオリンピックが開催されることになり、それはもう感慨深いものがあったと思います」とは、当時、組織委員会で奮闘した野村鋠市さ

1964

スポーツ 歴史の検証

1964年東京大会を支えた人びと

TOKYO

東京オリンピックの閉会式では各国選手が入り交じって入場

オリンピックの後に開催された東京パラリンピック開会式で入場するイギリス選手団

和服を着て勢ぞろいしたコンパニオン（右から6人目が星野綾子氏／1964年）

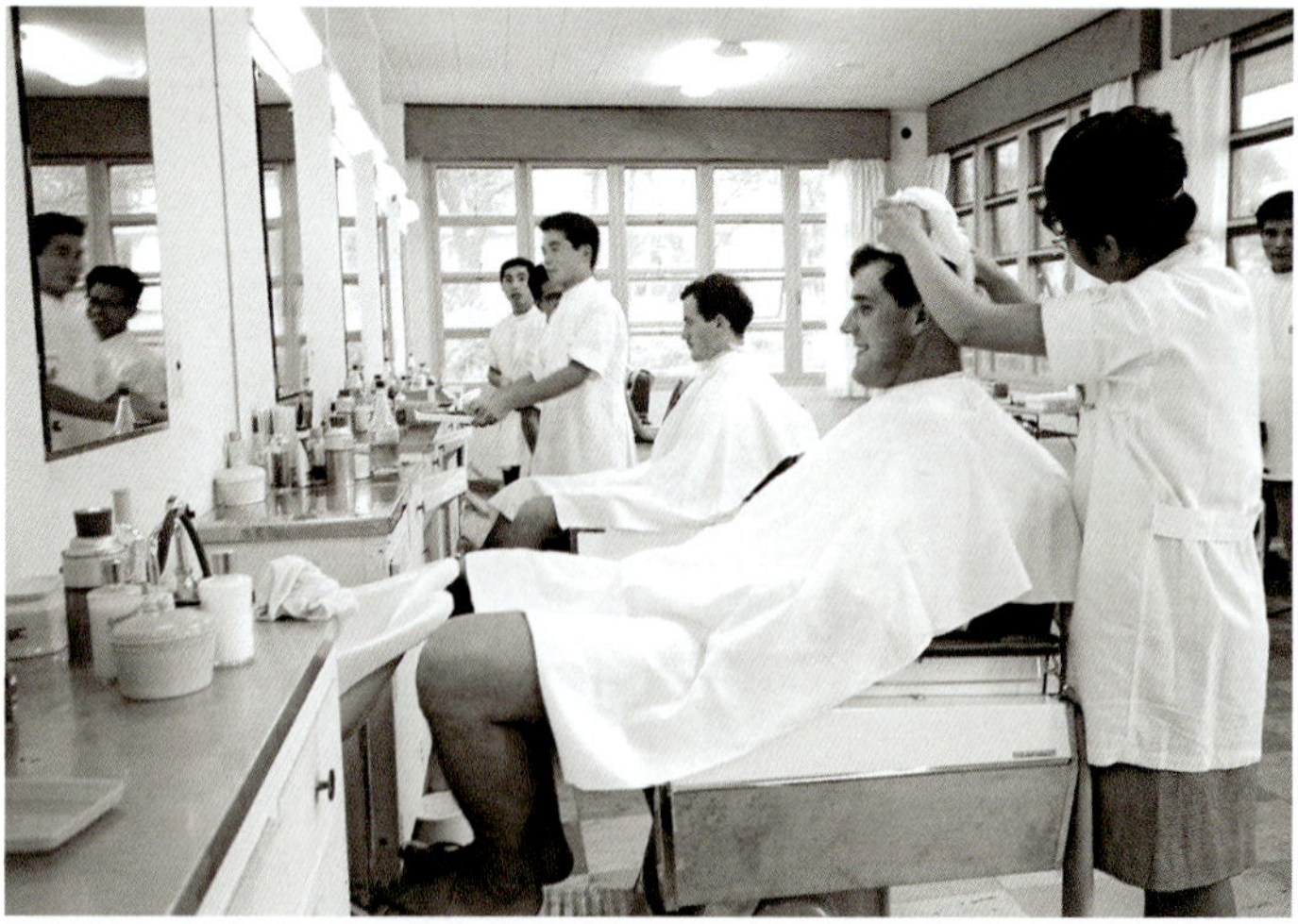

選手村の理容室でヘーシンクの散髪を行った遠藤澄枝氏

んの言葉です。また、大会の国旗制作を任された早大生・吹浦忠正さんは、その後の国際大会でも国旗に関する第一人者として活躍されています。障がい者用の施設設計に携わる吉田紗栄子さん、数多くのオリンピック放映を手掛けた杉山茂さん、本書に登場する一人ひとりが１９６４年大会を支え成功に導きました。それと同時に、この大会がそれぞれの人生に大きな影響を及ぼしたことも事実です。ここから先は本編をお読みいただきたいと思います。

戦後の復興から高度経済成長の只中で開催された１９６４年大会。他方、少子高齢化と人口減少を背景に成熟社会で迎える２０２０年大会。

延べ１万人を数える大会関係者、そして、11万人を超える国内外からのボランティア。そこで生まれるドラマやレガシーは、日本の歴史にどのように刻まれるのでしょうか。

読者の皆様には、本書が１９６４年大会を想起させるだけでなく、２０２０年大会の先に明るい未来を描くための一助となれば、これに勝る喜びはありません。

終わりに、快くインタビューに対応くださいました皆様、本事業の趣旨に賛同いただきました全ての皆様に心より感謝申し上げます。

公益財団法人 笹川スポーツ財団
理事長　渡邉一利

目次

オリンピック関連 略歴

	オリンピック関連	世相
1912 明治45	ストックホルムオリンピック開催（夏季） 日本から金栗四三氏が男子マラソン、三島弥彦氏が男子100m、200mに初参加	
1916 大正5	第一次世界大戦でオリンピック中止	
1920 大正9	アントワープオリンピック開催（夏季）	
1924 大正13	パリオリンピック開催（夏季） 織田幹雄氏、男子三段跳で全競技を通じて日本人初の入賞となる6位となる	
1928 昭和3	アムステルダムオリンピック開催（夏季） 織田幹雄氏、男子三段跳で全競技を通じて日本人初の金メダルを獲得 人見絹枝氏、女子800mで全競技を通じて日本人女子初の銀メダルを獲得 サンモリッツオリンピック開催（冬季）	
1932 昭和7	ロサンゼルスオリンピック開催（夏季） 南部忠平氏、男子三段跳で世界新記録を樹立し、金メダル獲得 レークプラシッドオリンピック開催（冬季）	
1936 昭和11	ベルリンオリンピック開催（夏季） 田島直人氏、男子三段跳で世界新記録を樹立し、金メダル獲得。織田幹雄氏、南部忠平氏に続く日本人選手の同種目3連覇となる ガルミッシュ・パルテンキルヘンオリンピック開催（冬季）	
1940 昭和15	第二次世界大戦でオリンピック中止	
1944 昭和19	第二次世界大戦でオリンピック中止	
1945 昭和20		第二次世界大戦が終戦
1947 昭和22		日本国憲法が施行

1948 昭和23	ロンドンオリンピック開催（夏季） サンモリッツオリンピック開催（冬季）	
1950 昭和25		朝鮮戦争が勃発
1951 昭和26		日米安全保障条約を締結
1952 昭和27	ヘルシンキオリンピック開催（夏季） オスロオリンピック開催（冬季）	
1955 昭和30		日本の高度経済成長の開始
1956 昭和31	メルボルンオリンピック開催（夏季） コルチナ・ダンペッツォオリンピック開催（冬季） 猪谷千春氏、スキー回転で銀メダル獲得（冬季大会で日本人初のメダリストとなる）	
1959 昭和34	1964年東京オリンピック開催決定	
1960 昭和35	ローマオリンピック開催（夏季） スコーバレーオリンピック開催（冬季） ローマで第9回国際ストーク・マンデビル競技大会が開催（のちに、第1回パラリンピックとして位置づけられる）	
1964 昭和39	東京オリンピック・パラリンピック開催（夏季） 円谷幸吉氏、男子マラソンで銅メダル獲得 インスブルックオリンピック開催（冬季）	東海道新幹線が開業
1968 昭和43	メキシコオリンピック開催（夏季） テルアビブパラリンピック開催（夏季） グルノーブルオリンピック開催（冬季）	
1969 昭和44	日本陸上競技連盟の青木半治理事長が、日本体育協会の専務理事、日本オリンピック委員会（JOC）の委員長に就任	アポロ11号が人類初の月面有人着陸

1972 昭和47	ミュンヘンオリンピック開催（夏季） ハイデルベルクパラリンピック開催（夏季） 札幌オリンピック開催（冬季）	
1973 昭和48		オイルショックが始まる
1976 昭和51	モントリオールオリンピック開催（夏季） トロントパラリンピック開催（夏季） インスブルックオリンピック開催（冬季）	ロッキード事件が表面化
1978 昭和53	8カ国陸上（アメリカ・ソ連・西ドイツ・イギリス・フランス・イタリア・ポーランド・日本）開催	日中平和友好条約を調印
1980 昭和55	モスクワオリンピック開催（夏季）日本はボイコット アーネムパラリンピック開催（夏季） レークプラシッドオリンピック開催（冬季） ヤイロパラリンピック開催（冬季） 冬季大会への日本人初参加	
1982 昭和57		東北、上越新幹線が開業
1984 昭和59	ロサンゼルスオリンピック開催（夏季） ニューヨーク、ストーク・マンデビルパラリンピック開催（夏季） サラエボオリンピック開催（冬季） インスブルックパラリンピック開催（冬季）	
1988 昭和63	ソウルオリンピック・パラリンピック開催（夏季） 鈴木大地氏、競泳金メダル獲得 カルガリーオリンピック開催（冬季） インスブルックパラリンピック開催（冬季）	
1992 平成4	バルセロナオリンピック・パラリンピック開催（夏季） 有森裕子氏、女子マラソンにて日本女子陸上選手６４年ぶりの銀メダル獲得 アルベールビルオリンピック開催（冬季） ティーニュ、アルベールビルパラリンピック開催（冬季）	

1994 平成6	リレハンメルオリンピック・パラリンピック開催（冬季）	
1995 平成7		阪神・淡路大震災が発生
1996 平成8	アトランタオリンピック・パラリンピック開催（夏季） 有森裕子氏、女子マラソンにて銅メダル獲得	
1998 平成10	長野オリンピック・パラリンピック開催（冬季）	
2000 平成12	シドニーオリンピック・パラリンピック開催（夏季） 高橋尚子氏、女子マラソンにて金メダル獲得	
2002 平成14	ソルトレークシティオリンピック・パラリンピック開催（冬季）	
2004 平成16	アテネオリンピック・パラリンピック開催（夏季） 野口みずき氏、女子マラソンにて金メダル獲得	
2006 平成18	トリノオリンピック・パラリンピック開催（冬季）	
2007 平成19	第1回東京マラソン開催	
2008 平成20	北京オリンピック・パラリンピック開催（夏季） 男子4×100mリレーで日本（塚原直貴氏、末續慎吾氏、高平慎士氏、朝原宣治氏）が3位となり、男子トラック種目初のオリンピック銅メダル獲得	リーマンショックが起こる
2010 平成22	バンクーバーオリンピック・パラリンピック開催（冬季）	
2011 平成23		東日本大震災が発生
2012 平成24	ロンドンオリンピック・パラリンピック開催（夏季） 2020年東京オリンピック・パラリンピック開催決定	
2014 平成26	ソチオリンピック・パラリンピック開催（冬季）	
2016 平成28	リオデジャネイロオリンピック・パラリンピック開催（夏季）	
2018 平成30	平昌オリンピック・パラリンピック開催（冬季）	

インタビュアー
佐塚元章

元NHKチーフアナウンサー。バルセロナ五輪の開会式、岩崎恭子の最年少金メダル獲得(水泳)などオリンピック4大会を放送する。40年以上にわたりスポーツを担当する。

ライター
斎藤寿子

新潟県出身。大学卒業後、業界紙、編集プロダクションを経て、2006年よりスタッフライターとしてスポーツ専門Webサイトで記事を執筆。主に野球、バレーボール、テニスを担当。2011年より取材を始めた障がい者スポーツでは、パラリンピックやアジアパラ競技大会、各競技の国内外の大会を取材。2015年よりフリーライターとして活動している。

第1章

国旗にまつわる東京オリンピック秘話

吹浦忠正

Fukiura Tadamasa

1964年東京オリンピックでは、大会組織委員会国旗担当を務め、「日の丸」をはじめ、参加国全ての国旗作りを担当した吹浦忠正氏。オリンピックに続いて行なわれたパラリンピックでは国旗の準備に加え、日赤語学奉仕団の組織化や運営に携わりました。その後も、長野冬季オリンピックでは組織委の儀典担当顧問として、国旗や開会式などに関わり、日本における国旗研究の第一人者として、サッカーW杯をはじめ国内で開催された国際スポーツ大会に協力されました。その吹浦氏に半世紀以上前の東京オリンピックでの国旗に関わる「舞台裏」について伺いました。

吹浦忠正(ふきうら・ただまさ)1941年生まれ。国旗と儀典の専門家。1964年東京オリンピック大会組織委員会国旗担当専門職員、1998年長野冬季オリンピック大会組織委員会儀典担当顧問、埼玉県立大学教授を歴任。「国旗と儀典の専門家」として知られ、国旗関連の著作は45点以上にのぼる。現在、NPO法人世界の国旗研究会会長兼理事長、NPO法人ユーラシア21研究所理事長、朝日新聞社フォトアーカイブ担当アドバイザー、法務省難民審査参与員として幅広く活躍中。

聞き手／佐塚元章氏　　文／斉藤寿子　　構成・写真／フォート・キシモト
取材日／2017年8月22日

組織委員会から突然の呼び出し

――吹浦さんは、早稲田大学の学部生の時代に東京オリンピック組織委員会の専門職員として、国旗を担当されました。そもそものきっかけは何だったのでしょうか？

１９６４年東京オリンピックが開催された時、私は早稲田大学4年生でしたが、「第18回オリンピック東京大会組織委員会」（以下、組織委）の競技部式典課専門職員として国旗を担当しました。きっかけは、本当に突然だったんです。東京オリンピックの2年前のある日、組織委から電話がかかってきまして、「明日、夕方までに組織委の事務局に来てほしい」と言うのです。当時、私は秋田県から出てきたただの大学2年生で、まさか自分に組織委から連絡が来るなんて、全く思っていませんでしたから、本当に驚きました。とにかく翌朝、今の迎賓館（旧赤坂離宮）にあった組織委の事務局に行くと、森西栄一という式典課の人が「東京オリンピックの国旗を君に任せたいので、今から簡単な面接を受けてくれ」というのです。詳しく伺うと、「組織委では旗に詳しい人物を探していて、外務省、ユネスコ協会連盟、日本赤十字社などに問い合わせたところ、いずれからも吹浦という名前しか出てこなかったので、こういうことになった」という話でした。確かに当時、世界の国旗を研究している日本人は、おそらく、ほと

組織委事務総長を務めた田畑政治氏

んどいなかったでしょうからね。私は「ユネスコ新聞」に国旗について連載し、それをベースに冊子や本を出したりしていました。

――実際に組織委からは、どんな話があったのでしょうか。

組織委の事務総長室につれて行かれると田畑政治（まさじ）総長（故人）による面接となりまして、田畑さんは私にこう訊いてこられました。「君は国旗に詳しいそうだね。じゃあ、ひとつ聞くが、イギリスのユニオンジャックがついている国旗の国は、どんなところがあるかね？」。おそらく田畑さんはオーストラリアやニュージーランド、カナダといった国名が出てくるだろうと予想していたと思うんです。しかし、当時は私も20歳、生意気盛りでしたから（笑）、「バミューダ、バハマ、北ローデシア、香港。南アの国旗にも小さなユニオンジャックが出てきますね」と日本ではほとんど知られていないような国旗や地域名ばかりを大張り切りで挙げ続けました。すると、途中で田畑さんに「もういい」と言われました。「ああ、怒らせてしまったかな。これで、話はつぶれたな」と思いました。ところが、「なるほど、ホントかウソか知らないが、よう知ってるね」「ウソなんか申しておりません」「まあ、まあ」と。当時、組織委全体として、1958年に東京で開催された第3回アジア競技大会での女子走り幅跳びの表彰式で、中華民国、当時は国連安保理常任理事国、今ではチャイニーズ・タイペイですが、その国旗「青天白日満地紅旗」を逆さまに掲揚したトラウマが満ち溢れていました。そのため、最後は「とにかく正しい国旗を正しく掲げる。それが君の仕事だ」の一言で合格というのか、採用が決まって、授業第一、出勤自由、大学から組織委まではタクシーでの出勤可、月給8000円という条件で国旗を担当することになったのです。

全てのはじまりは小4の時に抱いた疑問

――吹浦さんが国旗に興味を持たれたのは、小学生の時だとか。どんなことがきっかけだったのでしょうか？

小学4年生の時に、教室に貼られていた世界地図の周辺に、各国の国旗が描かれており、それを眺めるのが好きでした。そのときふと不思議に思ったことがあったんです。「アジアの国旗はみなバラバラのように見えるのに、北ヨーロッパの国旗は、なぜ、どれも同じ十字型のデザインなのか」と。そこで担任の教師に質問をしたところ「それもいいが、国語、算数、理科、社会の4教科をもっと勉強しなさい」と言われ、根が真面目な私ですから（笑）、先生の言う通りに頑張って勉強しました。そうするとますます国旗にはまるんです。中学になって語学が加わると、ますます興味を抱くようになっていきました。というのも、国旗はどの教科にも関連していて、さまざまなことに派生していくんですね。高校での幾何学、大学に入っての政治学、民族学、宗教学、哲学なんかを学ぶと、国旗はその全てが集約されているんだということがわかり、ほかにも色彩学、光学、染色技術、布の製造なども学びつつ、この歳まで60数年、すっかり国旗に魅了されてしまったというわけです。

今でも、常に国旗の表を内外どこに行くにも持ち歩いています。見ればすぐにどこの国旗かといったことは小学生のときからもう頭の中に入っていますので、判別のためというわけではないのですが、ちょっと時間がある時に、なんとはなしに眺めるとさまざまなことが湧いてきて、楽しいんです。

──それほどまでに国旗に魅せられていると、やはり海外に行きたいというお気持ちも強かったのではないでしょうか？

当時はまだ、「海外に行く」なんてことは容易には考えられなかった時代です。国旗担当として東京オリンピックに携わった１９６４年の時にも、自分自身が海外に行くなんてことはイメージすることができませんでした。「10年後にはなんとか」と思っていたくらいだったのですが、実際は東京オリンピックの翌年から、最後は「もういい」と思うほど、海外に行く機会に恵まれました。それほど、当時の日本は急激に発展していたということだと思います。

──初めて行った「海外」はどこの国だったのでしょうか？

当時は両替ができるのは５００ドルまでという厳しい規制の中、私が初めて海外に行ったのは１９６５年の国交正常化直前の韓国でした。韓国に到着すると、当然ですが、あちらこちらに韓国の国旗があるわけです。それを見ているだけで、韓国が歩んできた歴史が頭によぎり、感慨深いものがありました。例えば、「太極旗」と呼ばれる韓国の国旗ですが、これまで何度も部分的変更が繰り返されてきたこと、敗戦の混乱で日本が撤退する時の国旗の交代、北朝鮮が建国するまではこの旗を南北両方が使っていたことなど、思い浮かぶことはたくさんあるわけです。

――一方で、吹浦さんご自身は何かスポーツはされていたんですか？

実は、私は子どもの頃からスポーツはからっきしダメだったんです（笑）。6人兄弟で、ほかの5人はみんな全国大会や国民体育大会に何度も出場したりしていたのですが、なぜか私だけスポーツが苦手でした。だからコンプレックスの裏返しで、「どうせ、スポーツが得意なのは、兄貴たちみたいに勉強しない人たちばかりなんだろう」なんて思っていたんです。ところが、各競技団体から選ばれて東京オリンピックの組織委で働いている人たちは、皆さん優秀で、英語やフランス語など外国語に堪能な方たちばかりでした。「スポーツができない自分が、勉強もできないとなったら大変だ」と、一層勉強に力を入れ、何とか大学院に進むことができました（笑）。

『三丁目の夕日』そのものだった1960年代前半の東京

――吹浦さんは、1962年に組織委の一員として働き始めたということですが、アジア初開催となるオリンピックに向かっていった当時の東京というのは、どんな様子だったのでしょうか？

オリンピックを前に整備された高速道路

『三丁目の夕日』という映画が上映されて話題となりましたが、まさにあのような感じでした。経済的な面から言えば、ちょうど復興が終わりを告げようとしていた時で、貧国からの脱却、戦後の混乱からの復興を果たしていた時期です。

――『三丁目の夕日』と言えば、やはりできたばかりの東京タワーがそびえたつ風景が印象的です。

東京タワーは、まさに日本人の憧れのシンボルでした。私なんか大学受験の時に秋田から列車で上野に到着しまして、そのまま真っすぐ東京タワーに行ったほどです。普通は受験会場を確認したりするものなのに、東京タワーに行ったものですから、兄貴に「お前は何をしに東京まで来たんだ！」とひどく怒られたことは今でも鮮明に覚えています（笑）。ただ、それほど東京タワーへの憧れは、みんな強く持っていたと思います。

――あちこちで建設工事が行なわれていたでしょうから、街中は騒々しかったのではないでしょうか。

１９６１年、62年あたりから、東京の街は一変しました。殺風景だったところに、どんどん住宅が建てられたり、「環七」や「青山通り」など新しい道路ができたり、国立屋内競技場や武道館が建設されるなど、「活気」と「埃（ほこり）」にあふれていました。ワシントンハイツを選手村にしたり、都内にあった米軍基地の多くが整備・撤去されたのも、この頃です。

――海外開催のオリンピックでは、よく「いつ競技会場が出来上がるのか」「本当に開幕に間に合うのか」などということが取り上げられますが、１９６４年の東京オリンピックではどうだったのでしょうか。

代々木第一体育館の建設中に、組織委の職場が赤坂の迎賓館から、渋谷の岸体育館に移ったんです。そうすると、原宿駅で電車を降りて、そこまで行く途中に、代々木体育館の建設現場を毎日のように目にするわけです。自然と工事の進み具合をチェックしていましたが、全員が

組織委員会前にて撮影された職員集合写真（前列左から二人目）

口をそろえて「これは、開幕までには間に合わないだろう」と言っていましたよ。武道館などほかの会場もそうでしたが、ギリギリもいいところで、突貫工事そのものでした。おかげで、本番では、組織委の制服を着ているためお客様から公衆電話やトイレの場所を訊かれ、恥ずかしながら答えられず、往生しました。

時間を要した色、大きさ、生地の選択。特に難しかったのは「日の丸」

――組織委の国旗担当は、何人体制だったのでしょうか？

基本的には専門家のような立場は私一人

です。ほかに管理面や掲揚などで手伝ってくれるスタッフは何人かいましたが、海外の国旗のことなんて知らない人ばかりでしたから、責任は全て私にありました。

――最初にどんなことから着手したのでしょうか？

まずは、参加する可能性のある国のリストを作りました。それから、世界の国旗に関連する資料をかき集めて、それぞれ比較することから始めたわけですが、巣鴨のいささか怪しげな旅館に5泊ぐらいして、だだっ広い畳の部屋に、16冊の内外の資料を広げて、色は何番の色票を使っているのか、全てリストに書き込んでいきました。ところが、例えば同じ「青色」でも、国や資料によって、さまざまな「青い色」があるんです。

――国旗の色は、明確に決められているんでしょうか？

さまざまですが、例えばアルジェリアの国旗は、バックが緑と白に、赤の星と月のマークが付いているデザインなのですが、緑と赤については光の周波数で決まっていて、非常に厳格なんです。ただ、それを全て守ろうとすると、膨大な色の種類になってしまいます。そこで、青色だけは4種類に分けて、あとの色は全て1色で作るという方針をかためるまでに、10カ月ほどの時間を要しました。最近では緑や黄色も2段階ぐらいにしていますが。

組織委競技部の職員と（後列左から二人目）

——本当に大変な作業で、苦労も多かったと伺っていますが、なかでも最も吹浦さんの頭を悩ませたのは、日本の「日の丸」だったそうですね。

はい、そうなんです。何が一番苦労したかというと、日の丸の「赤色」を決めることでした。日の丸の「赤色」については「紅色」ということとしか法的根拠がないのです。「じゃあ、いったい、『紅色』とは何ぞや」というところから考えていかなければいけませんでした。そこで、日本色彩研究所と、資生堂研究所の協力を得て、まず、５００枚の日の丸を一般家庭からかき集めました。当時は、どの家にも必ず国旗があって、祝日には玄関の前に掲げられていましたから、一軒一軒まわりまして、「すみません。組織委のものですが、ご自宅にある国旗をいただけませんか」とお願いしにあがったんです。もらうだけでは申し訳ないですから、こちらが作った日の丸と交換するという条件で。そうしてかき集めた日の丸を、日本色彩研究所が分析して、「色見本表」というものを作ってくれました。はみ出している色票は除外して、平均値を求め、それを日の丸の「赤色」とすることに決めたんです。それを、本来は少しずつ異なる「赤色」であるアメリカやイギリスの国旗にも使い、各国のNOC（オリンピック委員会）に送って承認を得ました。

――ということは、日の丸の「赤色」を決めたのは、吹浦さんだったわけですね。

正直言って、日の丸の「赤色」を決めるなど、恐ろしかったですよ。組織委の幹部も「どこかしかるべきところから承認を得なさい」と言うわけです。ところが、官房長官のところに持っていったのですが、「勘弁してくれ。そんなことは、とてもうちでは決められないよ」と言われました。ですから、最終的には私が「これが日の丸の赤です」と決めるほかありませんでした。

――終戦から20年近く経っていたとはいえ、やはり当時はまだ「日の丸」に対してのイメージというのは、重々しいものがあったのではないでしょうか。

その通りです。今では、サッカーなどの試合では「フェイス・ペインティング」で日の丸を顔に描いたりしていますが、当時は敗戦の後遺症というか、非常に畏れ多いもので、敬遠する雰囲気が残っていました。ですから、そのイメージを払拭しようと、当時の若手グラフィック・デザイナー永井一正さんほかお二人が日宣美展で「新しい日の丸の提案」というものを行なったんです。これは、縦と横の比率が2対3で、円の大きさが縦の3分の2にしたものでした。そうすると、これまでの日の丸と随分イメージが変わって、新鮮だということで、多くのメディアが推薦してくれたんです。そこで、丹下健三さんや亀倉雄策さん、勝見勝さんといった方たちがおられた組織委のデザイン委員会が検討した結果、採用ということになりました。実際、オリンピックの前年に行なわれたプレオリンピックでは採用されました。ところが、毎日新聞が一面に「組織委、国旗を変更」という見出しで記事を載せたものですから、有名な右翼の親分がやって来たんです。組織委の幹部の人たちは、みんな恐れおののいてしまったのですが、若かった私は、ここでも怖い者知らずだったんでしょうね。帰り際、お見送りするといって付いて行き、巻き尺を手に「そちらの日の丸を測らせてください」と言ったんです。縦の5分の4近くはありました。そしたら、「やかましい！」と言って、砂煙をあげて立ち去っていってしまいました。結局、東京オリンピックでは3分の2の日の丸は使用されませんでしたが、34年後の長野オリンピックでは、背景が雪と氷の白でしたから、日の丸が少し大きい方が見やす

長野冬季オリンピック開会式で入場する日本選手団（1998年）

いだろうということで、念願の3分の2の日の丸を掲げさせていただきました。

――色、大きさのほかにはどんなことを決めなければいけなかったのでしょうか？

国旗に使用する生地選びです。強度で言えばナイロンなのですが、少し安っぽく見えてしまうんですね。それで、ナイロンとウールとエクスランの3つの生地で、紋章のついたグアテマラ、スペイン、メキシコの国旗を作り、15日間、国立競技場の上にさらすという検証を行ないました。そうしたところ、9日目に台風の余波で、暴風が吹き荒れ、ウール（大同毛織）が破れてしまい、そして11日目には雨でナイロン（東レ）は、「染が泣く」と言うのですが、色が流れてしまいました。それで結局、ウールの品の良さと、ナイロンの強度を兼ね備えているということで、まだ外国旗の製造では実績がほとんどないのですがエクスラン（東洋紡）を使用することになったんです。

――「エクスラン」とは、アクリル繊維のことでしょうか？

そうです。当時、東洋紡が開発したばかりの新しい繊維でした。実は、このエクスランにも反対の声があったんです。「神聖な国旗に化学製品を使ってもいいものか」と。歴史を紐解けば、それ以前に化学繊維を使用したのは、１９３６年のベルリン・オリンピックだけでした。しかし、実際に検証した結果ですから、私は「化学製品を使ってもいいのでは」と強く推しました。最終的にはエクスランを使用して正しかったと思います。以後、日本での大判の旗はエクスランで定着しました。

――そして、いよいよ国旗の製作に入ったわけですね。

はい、そうなのですが、製作においても、例えば「染める」のか「縫う」のかでは全然異なりますし、縫うにしても糸の色や、きれいに見えるような縫い方など、本当に苦労は絶えませんでした。あまりにも縫い糸が強いと生地が切れてしまいますので、縫い糸をやや弱めにしておかないと強度が保てないということも途中でわかりました。

――特に縫い方が難しかったのは、どこの国旗だったのでしょう？

それこそ、日の丸です。国立競技場の電光掲示板の上にあった国旗は、縦3m×横4m50㎝と、非常に大きなものでしたが、まずは白色の原反にハギを入れて3段に縫い合わせ、その真ん中を丸く切り取るんです。そこに赤色の生地をはめこむようにして縫い合わせていくのですが、円が歪まないように縫うのは本当に難しい技術でして、現在では悲しいことに、日本ではそれをできる職人が皆無に等しいと思います。それほど難しいんです。

――当時は高度な技術をもつ職人がたくさんいたんですか？

はい、何十人といました。というのも、まだ戦後20年も経っていない時期ですから、戦時中に日の丸や旭日旗を作っていた職人が沢山残っていたんですね。

「戦争」ではなく「平和」のための国旗づくりに涙を流した旗屋の社長

――そのようにして苦労されて作った国旗ですが、各国からの承認というのは得なければいけなかったのでしょうか？

はい。各国のNOCに、それぞれ手紙を添えて送りました。国旗のデザインについて各国NOCが国旗の専門家を抱えているわけではないので、yes/noばかりではなく、法的根拠を尋ねたり、具体的な質問をし、変更を希望するならこの布見本から選んでほしいなどと書いたので、結構、長文の手紙になりました。

今のようにEメールがあるわけではなく、航空便でしたから、返事が返ってくるまでには、約3週間かかりましたね。例えばオランダとルクセンブルクの国旗というのは、赤、白、青の「横3色旗」ですが、同じ青でも濃淡が違うわけです。オランダの方が少し濃いんです。ところが、実際にオランダとルクセンブルクの国旗をふたつ並べて見比べると、オランダの方が濃いとわかりますが、実際にオランダに行くと、まるでルクセンブルクと同じ空色に近い青を使っている場合もあるんです。また、オーストラリアとニュージーランドからそれぞれ国旗を取り寄せると、デザインは同じような国旗ですが、青の色が微妙に違ったりするんです。そういうものを全て調整しなければいけなかったので、色見本もつけて送りました。

――調整が最も難航した国はどこでしたか？

アイルランドです。国旗に厳格な人がいまして、やりとりは8回に及びました。アイルランド人というのは、とても神経質な人が多いんです。というのも、イギリスとは全く違う色の国旗ということで、緑、白、オレンジの「縦3色」の国旗にしたわけですが、彼らいわく、3色ともアイルランド人の心に響く色合いがある、と言うんです。でも、それは感覚的なものですから、こちらにしてみれば、そんなこと言われてもわからないわけですよ。そしたら、ふたつの国旗を送ってきまして、「このふたつの中間の色にしてほしい」と。「いやぁ、これは永遠に続くなぁ」とほとほと困りましたね。今であれば、すぐにアイルランドに出張して、直接やりとりをすれば済む話なのですが、当時はそうはいきませんでしたからね。手紙のやりとりでやるほかなかったんですけども、正直言って、いくら言葉で言われても、なかなか理解が難しかった。ようやくアイルランドから承認を得られたのは、開幕4カ月前のことでした。最後は褒めてもらったので、良かったですけどね。その話は2018年から小学校6年生の「道徳」の教科書（日本文教出版）に私が主人公になって描かれています。

――やはり、どの国も国旗への執着心というものは強いんでしょうね。

そうですね。いかに各国が自分たちの国旗を大切に思っているかということがわかりました。一方、日本はと言えば、私の世代でさえも、国旗に対して愛着というのは諸外国から比べるといささかかけるものがあると思います。私は昭和16（1942）年生まれで、いわゆる「戦争を知らない子ども」の1期生なんです。物心ついた時には、既に日本は「敗戦国」でしたからね。そういう私からすれば、各国の国旗への思いの強さに圧倒されました。

――承認を得た後、本番に向けて、大量の国旗が作られていったと思いますが、どのくらいの旗屋さんが関わったのでしょうか？

全部で約3000枚の国旗を用意しなければいけなかったのですが、3つのロットに分けて東京の日本信号旗、大阪の国際信号旗、そして東京旗商工組合が入札で受託し、製造にあたりました。当時、全国に旗屋は167社あって、そのうち今あげた2社が本格的にバンティング（旗布）を使っての製造に慣れていました。どちらも防衛庁の御用達だったので、作り慣れていたといえましょう。しかし、旗屋にしてみれば、ふだんは外国旗というのは、今でもほとんど商売にならないんです。ですから、宣伝旗や暖簾（のれん）、浴衣、提灯などを作ったりしている人たちが、いきなり外国旗を作るわけですから、こちらが指導しなければならないことも多く、なかなか大変でした。ただ、オリンピックの国旗を作ることを喜んでくれたところは多かったと思います。例えば、国際信号旗の三宅徳夫社長は当時60代だったと思いますが、私にこう言ったんです。「ついこの間まで戦争のために国旗を作っていた私たちが、オリンピックでは平和のために作ることができる」と。そうして、大粒の涙をこぼされたのです。戦争を知らない20歳過ぎたばかりの若造だった自分には、どう応えていいのか言葉が見つかりませんでしたが、もらい泣きしてしまいました。そして、とうにあのころの三宅社長の歳を超えた今となってみれば、社長の気持ちが痛いほどわかる気がします。

嬉しかった、陸上競技で唯一掲げられた日の丸

——そんなふうにして、国をあげて3000枚の国旗を作られたわけですが、「準備万端」となったのは、開幕のどのくらい前だったのでしょうか？

少しずつ作ってゆき、検品を徹底的にやり、最後は3日前くらいでしたね。どの国の選手が表彰台に上がってもいいように、各競技に参加する国全ての国旗を各会場に配置しました。そして、大会期間中は、できるだけ多くの表彰式を見守りました。開幕前に1枚1枚きちんとチ

東京オリンピック開会式で選手宣誓を行なう日本選手団小野喬（1964年）

エックしたおかげで、1枚たりとも逆さまに掲揚されたりするなどというミスは起きませんでした。昨年のリオデジャネイロオリンピックは、中国の国旗「五星紅旗」の4つの小さな星の向きが違っていたり、ロシアとチェコの国旗が逆さまでしたが、実は、他国で開催されたオリンピックでは、必ずと言っていいほど、ミスが起こっているんです。でも、私が関わった東京、札幌、長野のオリンピックは、一度もミスは起きていません。

世間から見れば当たり前のことかもしれませんが、わが人生のたったひとつの密かな誇りかもしれません。ただ、東京オリンピックでの陸上競技の男子棒高跳び決勝だけは、緊張しましたね。というのも、アメリカとドイツの選手が競り合っていて、夜遅くまで競技が続いたんです。それで陸上競技の関係者に「もし、勝負がつかなかった場合は、どうするんですか？」と聞いたら、「その場合は、二人とも金メダルだよ」とだけ言うんです。メダルは余裕をもって製造しているからそれでいいのでしょうが、国旗はポールの数が決まっているので、「どうしようか」と焦りました。なぜなら国旗を掲揚するポールは3本しか立っておらず、中央の1本だけが高く、高さを調整することもできないのですから。

――何か対策は練られたんですか？

ひとつずつ揚げるしかないかなと考えていました。ただ、その場合、難しいのはどちらを先に揚げるか。「ABC順からすると、フランス語でも英語でもドイツが先だが、日本語ならアメリカだ」とか、電光掲示板の下の表彰台管理室では大議論でしたよ。「誰が責任を取るのか」とかね。でも、幸いにして最後には勝負がついて、胸をなでおろしました（笑）。

――各国の国旗のほか、オリンピック旗も製作されたのでしょうか？

もちろんです。実は、このオリンピック旗には随分と助けられました。というのも、東京オリンピックの前年、スポーツと政治を切り離してきたオリンピックに対抗するかたちで開催された新興国競技大会（GANEFO）に出場した選手に対し、陸上と水泳の各国際連盟（IF）が資格停止処分を下したことによって、インドネシアと北朝鮮の選手団が直前になって帰国してしまったんです。こちらとしては、両国とも参加するということで、96の国と地域全ての旗を用意し、既に掲揚されていたものもあったのですが、突如、その2カ国の国旗を取り外さなければいけなくなったわけです。そうすると、「I（インドネシア）」と「P（北朝鮮）」の部分が2カ所、ぽっかりと空いてしまって、「どうしよう」となったんですね。考えられたのは、ふたつの方法でした。ひとつは、その2カ所が空かないように、全ての旗をずらすこと。たいていのところでは、そうしてもらいましたが、あるところでは、掲揚する係員がそれではあまりにも寂しいということで、「代わりにオリンピック旗を揚げて欲しい」という要望があって、そうしたんです。国旗の掲揚は陸上自衛隊練馬師団を中心に、ボーイスカウト、ガールスカウト、スポーツ少年団が行ないました。

――吹浦さんにとって、東京オリンピックでの一番の思い出とはどんなシーンでしょうか？

大会最終日の男子マラソンで、円谷幸吉が銅メダルを獲得してくれたことですね。というのも、陸上競技ではどの種目の表彰式も、アメリカ、ソ連（当時）、ドイツ、イギリスくらいの国旗で事足りていたわけです。それが最後にようやく日の丸が国立競技場のポールに掲揚され

東京オリンピックマラソンで銅メダルを獲得した円谷幸吉（後ろ/1964年）

たんですからね。こちらとしては万全の態勢で、きちんと3枚の日の丸を用意していたのに、1枚も使用されなかったら悲しいなと思っていました。ですから、国立競技場に戻ってからイギリスのヒートリーに抜かれたとはいえ、円谷が銅メダルとなった時は、本当に嬉しかったですね。

――オリンピックの後には、パラリンピックが開催されました。吹浦さんはパラリンピックにも国旗担当として関わられましたが、どのような印象を持ちましたか？

東京パラリンピックは、資金もなければ競技のルールさえほとんど知られていませんでした。参加した選手の中には自分で十分車椅子を取り扱えない人さえいました。その時、皇太子妃美智子さまと私どもの恩師ともいうべき橋本祐子（さちこ）日本赤十字社青少年課長とが話し合い、「日本語は外国の方々にとっては聞きなれない言葉。ましてや障がいがある方には、言葉の問題で負担がさらに重くならないようにしなければ」とおっしゃられました。そして、私たち当時の若者を発奮させ、２００人近い若者で14カ国語くらいをなんとかカバーしました。そのためには1年近く、在日米軍将校の家や2世の方を訪ねたりして、語学の勉強をし、妃殿下はしばしばそうしたお宅を周られて私たちを励まされ、パラリンピックの大会開催中は、ほとんど毎日のように、各競技場や選手村を訪問されました。先年、あれから50年ということで、当時のメンバーと現役の日赤語学奉仕団の団員が浜松町のレストランに集まり、皇后陛下をお迎えして、懐旧の同窓会のような会合を開きました。この時のボランティア活動がきっかけになって、慶応でコンピューターを学んでいた丸山一郎くんは障がい者福祉に転じ、バリアフリーの促進や埼玉県立大学の創設にあたり、次世代の養成にあたるなど、生涯、わが国におけるその分野の先駆者であり続けました。文部省（当時）に勤務をし、現在では母校日本女子大の役員である郷農彬子さんは、英語とドイツ語に優れ、バイリンガルグループという会議運営会社を経営していますが、日本車椅子バスケット連盟の事務所を10年間ほど自社において支援しました。吉田紗栄子さんは、同じく日本女子大の建築科の学生でしたが、英語とイタリア語に優れ、パラリンピックで障がい者問題に目覚め、障がい者用の住宅や施設の設計に尽くしてきました。パラリンピックが開催されたことで、日本の障がい者スポーツばかりではなく、障がい者、特に車椅子への意識は大きく変わったと思います。例えば、東京パラリンピックで日本代表チームは惨敗に終わったのですが、その様子を見ていた食品保存容器大手企業「タッパウ

オリンピックの後に開催された東京パラリンピック開会式（1964年）

エア」が15人の選手を雇用し、車いすバスケの練習を積ませたんです。そうして、１年後には東京オリンピックの男子バスケ日本代表チームと練習試合を開催しました。オリンピックに出たナショナルチームの選手にも車いすに乗ってプレーしてもらうわけですから、ハンディが必要だろうということで、なんとオリンピックの代表チームには「１００点」のハンディがつけられました。結果は、１１３－１００。つまり、オリンピックの代表チームは1点も得点することができずに終わったんです。私自身、1年前の東京パラリンピックでの試合を見ていましたから、わずか1年でスポーツマンとして大きく成長した姿を見て、ひどく感激したことを覚えています。

――東京パラリンピックが開催されたことによって、社会環境も変わったことはあったのでしょうか？

例えば、新幹線ですね。当時は、新幹線のドアを車いすでは通ることができませんでした。そこで、「あと3センチ、通路の幅を広げて欲しい」ということを、丸山くんらが当時の国鉄と交渉しました。いろいろと大変でしたが、最終的には承諾してもらいました。

国旗は国際理解の第一歩。「オリンピック教育」の一環に

――国旗担当として、オリンピックに深く関わってこられた吹浦さんは、スポーツにとっての国旗とは何だと思われますか？

先日、フォート・キシモトの「オリンピック報道写真展」を訪れた際に、足をとめてじっくりと見入った写真が何枚かあったのですが、そのうちの1枚の写真には、男子ホッケーのインドチームが掲げたプラカードに「Gold for India」と書かれてあったものでした。私は、それはオリンピック精神とはかけ離れた考えだと思っています。実は、マイケル・モリス・キラニン男爵がＩＯＣ（国際オリンピック委員会）会長だった時、彼が「国旗全廃案」を出したこと

がありました。大論争の末に、採決をとらずにキラニンはその案を引っ込めたのですが、これは永遠の課題だと思うんです。オリンピックでのメダルは、本来は個人の栄誉であって、国の栄誉ではありません。しかし、選手の強化には国の支援が必要ですし、団体競技は国際チームでいいのかという問題が出てくる。現状では、個人での出場というよりも、国の代表という意識がより高くならざるを得ないですからね。また、各国にNOC（オリンピック委員会）がある中では、やはり国旗は必要です。しかし、それが他国の国旗を排斥するような「排他的ナショナリズム」であってはならない。そうではなくて、「enlightened」、あえて日本語で言えば「解放された」あるいは「啓発された」ナショナリズムこそが、健全な国際関係を築くものだと思います。現在の世界は、主権国家で成り立っています。そうである以上、オリンピックで国旗を掲揚するというのは否定しようがありません。しかし、「Gold for India」までのナショナリズムに走ってはいけないと思います。節度のあるナショナリズムでなければ、オリンピックは発展していかないと思います。

――「母国のために」と思う選手たちも少なくないのが実情だと思いますが、選手たちのモチベーションという意味ではいかがでしょうか？

選手にとって「日の丸を掲げる」というのは、「インセンティブ」だと思います。しかし、勝つまでは表には出さない。勝った時に初めて日の丸を掲げてウイニングランをすることが許されると。つまり、勝者だけの栄光の権利みたいなものだと思うんです。その代わり、勝者は敗者の悔しさをきちんとねぎらってあげるということ、それが大切だと思います。

――あと3年後には、再び「東京オリンピック・パラリンピック」が開催されるわけですが、吹浦さんは2020年についてどう感じていますか？

正直に言えば、これだけ社会や生活が多様化している中で、オリンピック・パラリンピックだけに注目を向かせるというのは難しい。「one of them」というような傾向が出て来ざるを得ないと思います。大切なのは、オリンピック・パラリンピックをどう社会や教育に還元していくかということ。そういう部分にもっと知恵を絞るべきだと思います。

――そういう意味では、「オリンピック・パラリンピック教育」中に、国旗を盛り込むということも大切になってくるのではないでしょうか？

とても大切だと思います。国旗を知ることは、その国を知る第一歩となり、国際理解につながります。そもそも国旗って、本当に面白いんですよ。なにせ60年研究をしている私が全く飽きないんですからね（笑）。今、2020年の東京オリンピック・パラリンピックで19競技も

吹浦忠正氏

実施される江東区の全68の小中学校で、ソプラノ歌手の新藤昌子さんという国歌の専門家と組んで、「世界の国旗と国歌 学び、聴き、歌おう！」という出前授業をやっています。

――オリンピック・パラリンピックは、そういう教育のチャンスでもありますね。

その通りです。ですから、メダルばかり追うのではなく、オリ・パラをもっと有効活用すべきだと思います。今は、組織委をはじめオリ・パラに関わる問題ばかりがメディアで取り上げられていますが、もっとプラスイメージを抱けるような報道を期待したいと思います。オリ・パラのプラス面はほんとにたくさんあるのですから。私もオリ・パラがどんなに素晴らしい、人類共通の文化であるかを、少しでもお伝えしていきたいと思っています。

吹浦忠正氏 略歴

	オリンピック関連・世相	吹浦氏略歴
1941 昭和16		吹浦忠正氏、秋田市で生まれる
1944 昭和19	第二次世界大戦でオリンピック中止	
1945 昭和20	第二次世界大戦が終戦	
1947 昭和22	日本国憲法施行	
1948 昭和23	夏季：ロンドンオリンピック／冬季：サンモリッツオリンピック開催	秋田大学付属小学校に入学
1950 昭和25	朝鮮戦争が勃発	
1952 昭和27	夏季：ヘルシンキオリンピック／冬季：オスロオリンピック開催	
1955 昭和30	日米安全保障条約を締結。日本の高度経済成長の開始	
1956 昭和31	夏季：メルボルンオリンピック／冬季：コルチナ・ダンペッツォオリンピック開催	
1959 昭和34	1964年東京オリンピック開催決定	
1960 昭和35	夏季：ローマオリンピック／冬季：スコーバレーオリンピック開催 ローマで第9回国際ストーク・マンデビル競技大会が開催	
1961 昭和36		早稲田大学入学。大学在学中に国旗に関する著作を出版
1962 昭和37		オリンピック東京大会組織委員会専門職員となる
1964 昭和39	夏季：東京オリンピック・パラリンピック開催 冬季：インスブルックオリンピック開催 東海道新幹線が開業	東京オリンピックで国旗を担当、出場国の国旗やオリンピック旗の製作・掲揚などを行なう。また、パラリンピックでは、国旗担当とともに日赤語学奉仕団としてボランティア活動
1965 昭和40		日本ユネスコ協会国旗委員会の中心的メンバーとして『国旗総覧』（森重出版）を共同出版。以後、国旗に関する著作は45点
1968 昭和43	夏季：メキシコオリンピック／テルアビブパラリンピック開催 冬季：グルノーブルオリンピック開催	

1969　昭和44	日本陸上競技連盟の青木半治理事長が、日本体育協会の専務理事、日本オリンピック委員会（ＪＯＣ）の委員長に就任 アポロ11号が人類初の月面有人着陸	
1971　昭和46		国際赤十字駐在代表として第３次印パ戦争で捕虜や難民の救済に従事
1972　昭和47	夏季：ミュンヘンオリンピック／ハイデルベルクパラリンピック開催 冬季：札幌オリンピック開催	日本赤十字中央女子短期大学助教授となる。末次一郎事務所嘱託となり、１９８０年以降、同事務所長となる
1973　昭和48	オイルショックが始まる	国際赤十字駐在代表としてベトナム戦争で捕虜や難民の救済に従事
1975　昭和50		社団法人協力隊を育てる会創設メンバーとなり、以後理事・常務理事など約30年
1976　昭和51	夏季：モントリオールオリンピック／トロントパラリンピック開催 冬季：インスブルックオリンピック開催	
1978　昭和53	8カ国陸上（米・ソ連・西独・英・仏・伊・波蘭・日本）開催 日中平和友好条約を調印	
1979　昭和54		ＮＧＯ法人「難民を助ける会」創設メンバーとなる（現在・特別顧問）
1980　昭和55	夏季：モスクワオリンピック開催（日本はボイコット） 夏季：アーネムパラリンピック開催 冬季：レークプラシッドオリンピック開催 冬季：ヤイロパラリンピック開催。冬季パラ大会への日本人初参加	
1984　昭和59	夏季：ロサンゼルスオリンピック開催 夏季：ニューヨーク、ストーク・マンデビルパラリンピック開催 冬季：サラエボオリンピック／インスブルックパラリンピック開催	
1988　昭和63	夏季：ソウルオリンピック・パラリンピック開催 冬季：カルガリーオリンピック／インスブルックパラリンピック開催	

1992 平成4	夏季：バルセロナオリンピック・パラリンピック開催 冬季：アルベールビルオリンピック開催 冬季：ティーニュ、アルベールビルパラリンピック開催	
1994 平成6	冬季：リレハンメルオリンピック・パラリンピック開催	
1995 平成7	阪神・淡路大震災が発生	
1996 平成8	夏季：アトランタオリンピック・パラリンピック開催	
1998 平成10	冬季：長野オリンピック・パラリンピック開催	長野冬季オリンピック大会組織委員会儀典担当顧問となる。各国の国旗制作や掲揚のほか、開会式の進行等にも関わる
2000 平成12	夏季：シドニーオリンピック・パラリンピック開催	埼玉県立大学教授となる
2001 平成13		東京財団研究推進担当常務理事となる
2002 平成14	冬季：ソルトレークシティオリンピック・パラリンピック開催	埼玉県立大学教授を辞任
2004 平成16	夏季：アテネオリンピック・パラリンピック開催	
2006 平成18	冬季：トリノオリンピック・パラリンピック開催	
2007 平成19	第1回東京マラソン開催	東京財団を退任、ユーラシア21研究所を発足させ、理事長に就任
2008 平成20	夏季：北京オリンピック・パラリンピック開催 リーマンショックが起こる	
2010 平成22	冬季：バンクーバーオリンピック・パラリンピック開催	
2011 平成23	東日本大震災が発生	法務省難民認定参与員となる
2012 平成24	夏季：ロンドンオリンピック・パラリンピック開催 2020年東京オリンピック・パラリンピック開催決定	
2014 平成26	冬季：ソチオリンピック・パラリンピック開催	
2016 平成28	夏季：リオデジャネイロオリンピック・パラリンピック開催	世界の国旗研究協会を発足させ、会長・理事長に就任
2018 平成30	冬季：平昌オリンピック・パラリンピック開催	

第2章

オリンピックの歴史に刻まれた「テレビ放送技術の革新」

杉山茂

Sugiyama Shigeru

杉山茂氏は1959年にＮＨＫに入局し、5年目の1964年にはディレクターとして東京オリンピックのホッケー、マラソンの中継を担当されました。その後、スポーツ報道センター長を歴任し、1998年長野オリンピックでは放送機構マネージングディレクターを務めるなど、夏冬あわせて12回のオリンピックの中継に携わりました。その杉山氏に「オリンピックとテレビの技術革新」についてうかがいました。

杉山茂（すぎやま・しげる）1936年生まれ。元NHKディレクター。1959年に入局後、ディレクターとしてスポーツ番組の企画、制作、取材、放送権交渉などを手掛ける。1964年東京オリンピックをはじめ、オリンピック取材は夏・冬合わせて12回。NHKスポーツ報道センター長、長野冬季オリンピック放送機構マネージングディレクター、Jリーグ理事、ワールドカップ日本組織委員会放送業務局長などを歴任。1998年にNHK退局後もスポーツ評論家、スポーツイベントコンサルタントなどとして活躍中。

聞き手／佐塚元章氏　　文／斉藤寿子　　構成・写真／フォート・キシモト
取材日／2017年8月28日

テレビ中継されていた可能性高い「幻の東京五輪」

――「オリンピック」と「テレビ」との出合いは、いつ頃になるのでしょうか？

「伝える」という視点から時代をさかのぼりますと、まずは印刷機が開発されたことによって新聞がありますよね。そして、電話があって、ラジオがあって、その次の媒体文化は何かというと映像、つまりテレビなんですね。20世紀に入って、欧米や日本が一斉に映像を映して伝送するという研究に時代が入りました。その時に、映像で何を映すのが一番いいかというと、やはり景色であり、ビジュアル文化であるスポーツ、これほど映像にマッチする素材はないわけです。１９２０年代から研究は一気に進んでいきました。一方では、１８９６年に近代オリンピックが復活したわけです。もちろん、最初からオリンピックを意識して映像研究がされていたわけではありませんが、１９３０年代頃から「テレビはスポーツにとって欠かすことのできないものなのではないか」ということになりました。ともかく「伝える」という歴史において、新しいメディアが開発されるたびに「ふさわしいものは何か」となると、やはりどの時代においてもスポーツは欠かすことができなかったんです。オリンピックは、その代表でした。つまり、それぞれ別の道を歩んで発展してきた「オリンピック」と「テレビ」が、１９２０年～

１９３０年代後半に強い結びつきが生まれていったのだと思います。

——その結びつきがより強固なものになったのは、１９３６年ベルリンオリンピックからではなかったでしょうか？

おっしゃる通りです。当時、テレビの技術開発が最も順調に進められていたのはイギリスだと言われています。つまり、ドイツよりもイギリスの方が先行していたんです。ところが、アドルフ・ヒトラーが「あらゆることで世界一のオリンピックを行なう」と号令して、ドイツがベルリンオリンピックでテレビ中継を手掛けるのです。

——どのくらいの規模の中継だったのでしょうか？

中継の範囲は、とても狭いものでした。まだ伝送技術がありませんでしたからね。ただ、それでも16基ほどの受像機があったと言われています。ヒトラーが行なったベルリンオリンピックは、その後、さまざまな批判を受けてきた大会です。テレビ中継に対してもいろいろと論じられました。例えば、ポロも競技種目に入っていたのですが、その映像について「馬が走っているのか、犬が走っているのか、わからなかった」などという酷評もあったようです。それでもテレビは極めて限られた範囲、ドイツ、それもベルリンの一部だけでしたが、オリンピック

ロンドン大会開会式聖火点火シーン

ベルリン大会の公式映画を撮影する
レニ・リューフェンシュタール

の威容を生で伝えました。それは、テレビとスポーツの素晴らしい出合いのひとつだったと思います。一方で、技術として先行していたのはイギリスで、１９３７年にＢＢＣ（イギリス放送協会）が、世界最古と言われるサッカーのトーナメント戦ＦＡカップや、テニスのウィンブルドン選手権の中継を行なっています。そして戦後初の１９４８年ロンドンオリンピックでもＢＢＣが、ベルリンをはるかにしのぐスケールで中継を行ないました。とはいえ、その時代はまだ一般家庭にテレビが普及していた時代ではなかったということを考えれば、その映像を見ていた人はほんの一握りだったと思います。

――その頃、日本はまだまだラジオの全盛期でしたが、それでもテレビ技術の開発は行なわれていたんですよね。

もちろんです。もし1940年に「幻」となった東京オリンピックが開催されていれば、必ずテレビ中継は行なわれていたでしょう。

――実は、1940年には中継車が用意されていて、その写真も残っています。

そうなんです。当時、日本でテレビ中継の開発を行なっていたのは、二つのグループでした。一つは早稲田大学で、そこで既に中継車が作られていて、近く早慶戦の中継をしようとしていたところまでこぎつけていたんです。ところが、資金難でその話は途中で頓挫してしまったようです。一方、もう一つのグループは現静岡大学工学部の浜松高等工業の高柳健次郎氏（故人）。「日本のテレビの父」と言われている方です。小規模だったとしても、当時の日本にはオリンピックを中継するだけの技術は既にあったと考えられます。

カラー化によって映し出された東京の「青空」

――本格的にテレビが導入されたオリンピックは、いつ頃になるのでしょうか？

街頭テレビに見入る人たち

　1956年、コルチナ・ダンペッツオ冬季オリンピックでRAI（イタリア放送協会）が行なった中継が最初だと言われています。1952年のヘルシンキ夏季大会もフィンランド放送によって試みていますが、イタリアは4年後（1960年）の夏にローマオリンピックを控えていましたので、それに向けてのテストだったんです。それまで目にすることができなかった、山の上から滑り降りてくるアルペンスキーヤーの様子を日本のラジオ（NHK）アナウンサーは、RAIの中継画面を見て実況しました。猪谷千春さんが銀メダルを手にしたあのレース（回転競技）です。テレビ中継にとって大きかったのは、1956年にアメリカのアンペックス社が開発したビデオテ

インスブルック冬季大会開会式

スコーバレー大会

ープでした。スコーバレーオリンピックをはじめ、その後の「テレビスポーツ」にどれだけ貢献したかわかりません。そして、もう一つ忘れてならないのが、衛星中継です。1964年東京オリンピックでは「宇宙中継」と言われていましたが、その衛星中継が初めて行なわれたのは、日本では東京オリンピックだったと言われていますが、実は同年1～2月に行なわれたインスブルック冬季オリンピックでヨーロッパ－アメリカ大陸では短い時間でしたが始まっていたんです。アメリカ・ABC（アメリカ放送協会）は開会式とアイスホッケーのダイジェストを「宇宙中継」しています。つまり、欧米間はインスブルックの時に既につながっていたということです。

――そうだったんですね。では、東京オリンピックが「宇宙中継の始まり」というのは間違っているんですね。

日本とアメリカ大陸間ということで言えば、「始まり」と言っていいでしょう。確かに東京オリンピックは「夏のオリンピック史上初の快挙」でもあります。東京オリンピックでは、日本－アメリカ大陸－ヨーロッパ大陸というルートで、世界に中継されました。

――１９６４年当時、私は中学生で、オリンピックをテレビで食い入るようにして見ていました。今でもはっきりと覚えているのが、開会式でＮＨＫのアナウンサーが「この映像はワシントンにも鮮明に映っているという連絡が今、入りました」というコメントですが、今思うと、極めて政治的なにおいがするなぁと（笑）。おそらく事前に用意されていたものだったんでしょうね。

事実だったと思います。当時はまだ日本からヨーロッパへという回線は開通していなかったので、アメリカからヨーロッパに映像が行っているんです。ですから、「アメリカを通じて、この映像がヨーロッパにも流れています」と付け加えたとすれば、相当のプロパガンダになったでしょうね。つまり、「技術の勝利」として世界で同時に放映されたということを伝えようとしたのだと思います。「テレビとスポーツ」の歴史において、これほど画期的なことはなかったですからね。

——もうひとつ、東京オリンピックを契機としたテレビ技術の発達と言えば、「カラー化」がありました。当時カメラを担当された方の述懐によると、開会式の1週間ほど前に行なわれたリハーサルではちょうど曇天で、日の丸も選手団のブレザーの赤色も、鮮やかに映らなくて苦労されたそうですね。当日は、見事なまでの秋晴れでほっとしたと。

私が若い頃には映画で「総天然色」という言葉があったんです。それまで白黒だったものが、例えば郵便ポストやリンゴを赤い色に見せるわけですが、そうなるまでには大変な苦労があったはずです。紫色になったり、陽射しがあると橙色になってしまったり……。そういう中で、「東京オリンピックでは赤を赤色に見せよう」ということで、努力をして、さまざまな苦労を乗り越えてきた。その成果が、東京オリンピックの時の「カラー化」でした。当時一般家庭にはようやく白黒のテレビが広く普及し始めたばかりでしたから、そんな時代にカラーテレビでオリンピックを見ることは極めて僅かでしょうが、視聴できた人たちの感動というものは、想像に余りあるものだったと思いますよ。

——杉山さんは、カラーで見ていたんですか？

はい。開会式当日は、駒沢オリンピック公園総合運動場でホッケーの中継の準備をしていて、前触れか何かで1、2分の映像を送って、その後はゆっくりと開会式の映像を見ていました。その時、自衛隊のブルーインパルスが5色の煙をはきながら五輪マークを描いたのを見て、初めて「あぁ、青空が青空に見えるのか」と驚きました。そして、「テレビの将来はこれだ」と確信しましたね。

放送技術が集約されていたマラソン中継

――競技においては、マラソンでの42.195キロ完全中継の達成がありました。

これは放送技術と、プロデューサー、アナウンサーの気持ちとが、初めて一つになった成果だったと思います。ただ、私としては正直言って、不満がありました。道路を走ることが許された取材車は、テレビ、ラジオ、公式映画の3台だったのですが、1年前のプレオリンピックの時に、リハーサルとしてマラソンを中継した際「これでは、見ている人は全然面白くないのではないだろうか」と感じました。なぜなら、テレビ車が1台だけでしたから、先頭のランナーだけを追っていくだけで、画がとても単調だったんです。それで、私はまだ入局5年目で「先輩たちに生意気だと思われるだろうな」と覚悟しながらミーティングで「いっその事、ラジオをやめて、テレビ2台で映したらどうでしょうか」と発言しました。でも、当時はいくらテレビが普及してきたとはいえ、まだまだラジオ全盛期でしたから「ラジオを外す」なんてことはあり得なかったんです。もちろん、ラジオの重要性は十分に理解していましたから、私はラジオ車をテレビに譲っていただいて、ラジオアナウンサーはスタジオでテレビスタッフが映す映像を見ながら解説したらいいのではないかと思ったわけです。でも、伝送手段などで「いろいろと事情があるんだ」と受け入れられませんでした。もし、あのマラソン中継を2台のテレビ車で映していたら、それこそ円谷幸吉のドラマチックなレースや順位争いをもっと見せることができたのではないかと思います。ラジオの「テレビ利用」はスコーバレーで実証済みでしたね。

――なるほど。それは一理あるかもしれませんね。実際、3分の2以上映っていたのは金メダルに輝いたアベベ・ベキラ（エチオピア）でしたからね（笑）。

そうなんです。ですから、「アベベのアップと切り替えだけで、果たしていいのかな。2位以下の選手を映さなくてもいいのかな」と思っていました。アベベ以外の選手の様子を映すことができなかったことは残念でした。でも、当時は精一杯でしたね。

東京大会マラソン・中継車

――でも、あの42.195キロの長さを全てお茶の間に届けたというのは、国民にとっては相当なインパクトがあって、中学生の私は「すごいなぁ」と思いながら興奮して見ていました。

確かにおっしゃる通りで、さまざまな技術陣の研さんと苦労の末の映像でしたね。あれだけの長丁場を、全て無線で伝達するためには、中継車の映像をヘリコプターに飛ばさなければいけません。すごいアイディアでもあります。つまり、「宇宙中継」と言われた衛星放送と同じような仕組みです。

――特に甲州街道は並木道になっていて、なかなかダイレクトに電波を飛ばすことが難しかったんですよね。

中継車とヘリコプターの距離を保たなければいけなくて大変でした。また、当時のヘリコプターは2時間も飛び続けることはできませんでしたから、給油をどうするかという問題がありました。ＮＨＫには自前のヘリコプターはありませんでしたから、自衛隊に協力を依頼しているんです。

――中継車とヘリコプターの距離を保つのに、磁石の原理を利用したそうですね。

そう聞いていました。つまり、テレビ中継というのは技術革新と、非常に緻密なまでの研究の上に成り立っているわけです。我々〝演出・制作サイド〟の人間の作業は、そういう方々からすれば、楽なものですよ（笑）。

――しかもマラソン当日は、小雨が降っていて、視界不良の状態でした。そのために、ほかのヘリコプターは許可が下りませんでしたが、中継のためのヘリコプターだけは飛ぶことが許されたそうですね。これは、まさに政治的な意味合いが強かったのかなと想像するのですが、いかがでしょうか。

おっしゃる通りだと思います。天気予報もレース頃には良くなるとみていたと聞いていました。東京オリンピックは、いわゆる国家プロジェクトでした。そして、その中核のひとつが「テレビ放送」で、しかもマラソンは東京の街並みを世界に映し出したわけですからね。警備などの問題もあって、コースは甲州街道となりましたが、皇居周辺などを織り込んだら東京の素晴らしさがもっと発信できたかもしれないと思ったことがあります。

——そのようなご苦労があってのマラソン中継が、世界に初めて放送されたというわけですね。

NHKにとっては、マラソンを全て中継するというのは技術力・制作力を示す大きなセールスポイントだったと思います。でも、世界各国ではどのくらいの放送時間だったかは未だに確かなデータはありません。おそらくフルコースは放送されなかったと思いますよ。私の予想では、もしかしたら平均15分くらいだったんじゃないかなと。日本のマラソン人気は世界と比べても非常に高かったわけです。実はマラソンのフル中継を初めて実施したのは、東京オリンピックでのNHKではないんです。その前に、NHKとTBSが各々チャレンジして、既に42.195キロの中継には成功していました。そうした当時のチャレンジの末に得た技術が集約されて、オリンピック史上初めてマラソン中継が行なわれたのが東京オリンピックでした。テレビ放送が日本で始まって10年近く、日本テレビ界の当時の放送技術の集大成だったんです。

スポーツを面白くした「スローモーション」の登場

――「テレビとスポーツ」という観点において、1964年前後というのは、どのような時代だったのでしょうか。

私は1959年にNHKに入局しまして、2カ月後に1964年の東京オリンピック開催が決定しました。日本全体がオリンピックに向かっていくという空気を感じていましたね。まだ私にはスポーツのテレビ中継やテレビの技術開発についての知識が豊富にはありませんでしたが、それでも「今はまだ高級なテレビ受像機も、これから普及していくのだろう」ということだけは想像することができました。当時は、まだラジオ全盛期時代。1962年頃まで、新聞に掲載されている「ラテ欄」（ラジオ・テレビの番組欄）というのは、ラジオ番組が中心で、テレビ番組は小さく扱われていました。その時代のスポーツ放送というのは、ラジオアナウンサーの描写力、報道力に頼っていたんです。そういう中で、NHKをはじめ、各民放のテレビのプロデューサーの諸先輩方はパイオニアとして苦労されたと思います。何をどのようにして映すことで、何を伝えるのかということの研究を重ねていたわけです。ゼロからのスタートでしたからね。

——当時、テレビのスポーツ中継はどのようにして行なわれていたのでしょうか？

東京オリンピック開催が決まった１９５９年というと、日本でテレビ放送が始まった１９５３年から６年が経っていますから、一応はあらゆるスポーツ中継が行なわれていました。しかし、制作規模は〝最少〟でした。例えば、人気の巨人軍を主としたプロ野球を局の看板番組にしていた日本テレビも、球場に２台のテレビカメラしかありませんでした。それも２台を切り替えるというより、１台はもう１台が壊れた時に備える目的が大きかったと言われています。「伝え方」という点においては、「ポロの馬が犬に見えた」という１９３６年ベルリンオリンピックよりは向上していたと思いますが。そこへ、「東京オリンピック開催」が決定したわけです。

——東京オリンピックによって、「テレビとスポーツ」はどのような関係になっていったのでしょうか。

両者がこれほど相性のいいものに出合ったことはないと思ったでしょう。衛星中継の日常化によって、あらゆるスポーツ中継が世界中のテレビ局のキラーコンテンツになっていったのは、スポーツが「国境なき文化」であったからです。

――東京オリンピック後の技術革新としては、4年後の1968年に開催されたメキシコオリンピックで「スローモーション」が登場したと記憶しています。

「スローモーション」が実用化されたのは、実は東京オリンピックなんです。アメリカのアンペックス社が開発し、その後ソニーや東芝が製作したビデオテープを使って、NHKがスローモーションの技術を開発していました。ですから、スローモーションが初めて披露されたオリンピックは東京だと言っていいと思います。それが「即時再生」という方法で行なわれたのがメキシコオリンピックでした。これはアメリカのテレビ会社がアメリカンフットボールの中継のために開発したものなんです。アメフトは、攻守が入れ替わる時に、15～20秒の間が空きます。その時間に、今起こったプレーを再生したいということからでした。私も随分と担当したからよく覚えていますが、1960年代当時は、ビデオテープをスローモーションにするためには、ここから使いたいというシーンの20秒くらい前からテープを回転させないと、映像が安定しなかったんです。つまり、どんなに短くても再生（オン・エア）するには20秒はかかるということです。それが、瞬時にスッと再生できるビデオテープが開発されたのは〝革命〟ですよ。テレビでスポーツを見るということにおいて、「即時再生」ほど素晴らしいものはないですよね。当初はプレーをもう一度見る楽しさに使われていたわけですが、徐々に戦略や技術的なことに使われ、さらには判定の材料になっていった。果たして、それが最初にビデオテ

メキシコ大会マラソン・君原

ープを開発した人たちが望んでいたことかどうかは、個人的には疑問ですが、それは置いておいて、ビデオテープの開発というのは、テレビとスポーツの関係性を強めたものの代表的な技術と言っていいと思います。

放送権料高騰の背景にある米テレビ界の構造

――こうしたテレビの放送技術の革新というのは、どのようにスポーツの発展に寄与してきたのでしょうか？

テレビスポーツ番組の制作者としての私の理念は「今日テレビで見たスポーツを、来週は現場で見たいと思える、思わせる」

ということでした。スポーツというのは、競技場の風と空気の中で見ているのが、何より面白いし素晴らしい。つまり、やっぱり「生」で見るのが一番ということです。そのお手伝いをするのが、テレビだと思っています。広くお茶の間にスポーツシーンを届けることによって、「あぁ、あんな選手になりたい」というふうにスター選手を創出し、スポーツとお茶の間との距離を縮めたのも、テレビの力が大きかったと思います。

——いわゆるスポーツが「大衆化」したということですね。

そうですね。私自身は「家庭化」という言葉の方が合っているんじゃないかと思います。というのも、それまではどちらかというと、「スポーツは男性のもの」という傾向が強かったと思いますが、テレビの登場によって「家族の楽しみ」になったと思うんです。そして、スポーツの技術や戦略という部分でのテレビの貢献度もまた高いと思っています。例えば、サッカー日本代表で言えば、W杯の出場権をかけて他国と戦う場合、相手国が丸裸になってしまうほどの映像が手元にあるわけです。陸上競技で言えば、現在は100mを何秒で走るかだけではなく、スタートでの選手の顎の上げ方にまで着目している時代ですよね。超高速カメラ（スーパースローモーション、ウルトラスローモーションなど）で一流アスリートの超人的なプレーをいとも簡単に見ることができ、それが驚嘆を呼びます。

――また、オリンピックと言いますと、やはり「放送権料」を外すことはできません。聞くところによると、IOCの予算の3分の2が放送権料と言われていますが、実際はどうなのでしょうか？

オリンピックを筆頭にスポーツのスーパーイベントの財政的成功の大半をテレビマネーが担っているのは事実でしょう。人気が人気を呼んで、権料が高くなる現象も続いています。私自身、放送権料を払う側、交渉する側の仕事もしていましたが、正直言って「なんでこんなに高いんだろうか」と思っていましたし、NHKの内部でも批判はありました。少し乱暴に聞こえるかもしれませんが、私はオリンピックを放送することを「やめる自由」というのもあると思っていたんです。ですから、何度か「じゃあ、やめましょうか」と発言したことがありました。実際、ヨーロッパのテレビ局はいくつもオリンピックの放送をやめざるを得なくなっています。オリンピックに限らずサッカーもテニスもゴルフも自転車レースも、あまりにも放送権料が高くて買えなくなってきているんです。放送権料はスポーツに限らず、映画やステージショー、オスカーのようなセレモニー、日本では有名タレントの結婚式などでも発生します。しかし、金額の大きさはスポーツが飛び抜けています。それはなぜかというと、1秒後の展開さえ未知な生の魅力、世界を熱狂させるスーパースターの存在などが、それほどの「商品価値」になっているからです。

――そもそも「放送権料」の始まりは何だったのでしょうか？

諸説ありますが、一説には、プロボクシングが全盛期を迎えていた1920年代のアメリカと言われています。ラジオ局が中継を企画した時、興行師が「そんなことしたら会場に観客が来なくなってしまうし、飲食など会場内の売上にも響く」ということで反対したんです。そこで、ラジオ局が「それなら、その分は我々が補てんしますよ」と申し出たのが、放送権料の始まりだと。現在のような高値を呼んだ要因の一つには、アメリカの放送界はラジオもテレビも、全て民放（商業放送）という背景があります。スポンサーのために、好コンテンツの独占が必要だったんです。それが高価格競争を生み出したというわけです。

パラ放送に望む「ありのままのスポーツシーン」に

――2020年東京オリンピックに向けては、オリンピックと同様にパラリンピックにも注目が高まっています。テレビとスポーツという観点では、パラリンピックについてはいかがでしょうか。

世界的な流れとして、美術や音楽と同じように、障がい者がスポーツをすることが社会に受け入れられてきたということは、非常に素晴らしいことだと思います。私自身は、障がい者がスポーツではなくリハビリテーションを主眼とするという時代に育ってきた世代ですから、障がい者が競技スポーツをするという流れに、なかなか追いつけなかったところがありました。それを打ち砕いたのが、1998年長野パラリンピックで、ロバート・ステッドワード国際パラリンピック委員会初代会長（カナダ）が組織委員会の関係者やメディアを前にした会見で述べられた挨拶でした。「障がい者スポーツがリハビリという考えは、時代遅れ。障がい者スポーツの中には、アスリートとして競技スポーツをする選手も出てきていて、彼ら彼女らはオリンピック選手と同じように絶え間ない努力をし、技術を磨いている。その選手に対しては、健常者の選手と同等の評価をするべきだ」と。そのスピーチを聞いて、「障がい者スポーツは、そこまでのレベルになっているのか」と知ったわけです。私に障がい者スポーツを競技として見る概念を与えてくれたのが、長野パラリンピックでした。

障がい者スポーツで印象的だったのは、1996年アトランタオリンピックです。その大会では、オリンピックの陸上競技の中に「車いすレース」が組み込まれていて、私も現場で見ていました。その車いすレースの表彰式の時、雨が降ってきて、車いすの選手が滑ってなかなか表彰台に上がれなかったんです。でも、その時、誰一人手を貸そうとはしなかった。そして、彼がようやく表彰台の一番上に立った時、スタンドから割れんばかりの拍手が送られたんです。

長野冬季パラリンピック・大日方邦子

その時、「あぁ、彼のことをみんなが障がい者ではなく、アスリートとして扱っているんだな。なるほど、だからこそパラリンピックが成り立つんだ」と思いました。と同時に、「こういう環境でなければ、日本に障がい者スポーツは根づかないだろう」と。私は「感動」という言葉があまり好きではないのですが、その時は体が震えるばかりに感動して見ていました。選手に対しても、観客に対しても、競技役員に対しても、抱いた感情です。

そういう中で、2020年東京パラリンピックでテレビは何を映しだすべきかというと、「ありのままの姿」だと思います。

例えば、脚を切断した選手が義足を履いて走ったり跳んだりするシーンを、視聴者が

「痛々しい」ではなく、スポーツ選手として見れるように映し出す送り手側の姿勢です。つまり、オリンピックをオリンピックと思うように、視聴者がパラリンピックをパラリンピックというスポーツ大会だと思えるように映し出すことが、２０２０年東京パラリンピックのテレビ放送に求められていることだと思います。そしてテレビで見た翌日、ぜひ会場へ観戦に出かけていただきたい。

――最後に、今後のメディアについてお伺いしたいと思います。インターネットが発達し、現在はＳＮＳ（ソーシャル・ネットワーキング・サービス）の時代です。ＩＯＣもＳＮＳの活用を推奨しているところがあると思いますが、そうした中で、今後テレビはスポーツ界においてどのような存在となっていくのでしょうか？

　私は、時代はさらに変化していくと思いますし、〝テレビ人間〟としてはそのことに恐れも感じています。本来、スポーツと

アトランタパラリンピック陸上で2位の荒井のり子

いうのは豊かな時間を持ちながら、スポーツの空間というものを競技者と共有していくようなものであると思うんです。スポーツは何が面白いかというと、スタートからフィニッシュまでのプロセスであって、SNSのように結果だけを知って終わり、という端末情報だけで満足いくものではないと思うんですね。とはいえ、確かに時代はSNSですよね。

そうした中で、ひと言で言えば「頑張れ、テレビ」です。そして、テレビと同様に、ラジオや新聞など、これまでスポーツと色濃く関わってきたメディアが、単に時代の波に押し寄せられるのではなく、それぞれの「スポーツメディア」として努力していかなければ、スポーツは本当に端末情報になってしまいます。ですから、「頑張れ!テレビ」のひと言に尽きます。

杉山茂氏

杉山茂氏 略歴

	オリンピック関連・世相	杉山茂氏略歴
1932 昭和7	夏季：ロサンゼルスオリンピック／冬季：レークプラシッドオリンピック開催	
1936 昭和11	夏季：ベルリンオリンピック開催 冬季：ガルミッシュ・パルテンキルヘンオリンピック開催	杉山茂氏、東京都に生まれる
1940 昭和15	第二次世界大戦でオリンピック中止	
1944 昭和19	第二次世界大戦でオリンピック中止	
1945 昭和20	第二次世界大戦が終戦	
1947 昭和22	日本国憲法が施行	
1948 昭和23	夏季：ロンドンオリンピック／冬季：サンモリッツオリンピック開催	
1950 昭和25	朝鮮戦争が勃発	
1951 昭和26	日米安全保障条約を締結	
1952 昭和27	夏季：ヘルシンキオリンピック／冬季：オスロオリンピック開催	
1955 昭和30	日本の高度経済成長の開始	
1956 昭和31	夏季：メルボルンオリンピック／冬季：コルチナ・ダンペッツォオリンピック開催	
1959 昭和34	1964年東京オリンピック開催決定	NHK入局。ディレクターとして、スポーツ番組の企画、制作、取材等を担当。マラソンなどのロードレース中継やボールゲーム中継に、新鮮な演出方法を試みて反響を呼ぶ
1960 昭和35	夏季：ローマオリンピック／冬季：スコーバレーオリンピック開催 ローマで第9回国際ストーク・マンデビル競技大会が開催	
1964 昭和39	夏季：東京オリンピック・パラリンピック開催 冬季：インスブルックオリンピック開催 東海道新幹線が開業	東京オリンピック・パラリンピックでホッケー、マラソンの国際映像制作を担当
1968 昭和43	夏季：メキシコオリンピック／テルアビブパラリンピック開催 冬季：グルノーブルオリンピック開催	

1969 昭和44	日本陸上競技連盟の青木半治理事長が、日本体育協会の専務理事、日本オリンピック委員会（JOC）の委員長に就任 アポロ11号が人類初の月面有人着陸	
1971 昭和46		NHK総合「オリンピックアワー」の制作を担当し、海外取材を行なう
1972 昭和47	夏季：ミュンヘンオリンピック／ハイデルベルクパラリンピック開催 冬季：札幌オリンピック開催	
1973 昭和48	オイルショックが始まる	
1976 昭和51	夏季：モントリオールオリンピック／トロントパラリンピック開催 冬季：インスブルックオリンピック開催 ロッキード事件が表面化	
1977 昭和52		NHK総合「スポーツの時代」の制作を担当し、海外取材を行なう
1978 昭和53	8カ国陸上（アメリカ・ソ連・西ドイツ・イギリス・フランス・イタリア・ポーランド・日本）開催 日中平和友好条約を調印	
1980 昭和55	夏季：モスクワオリンピック開催（日本はボイコット） 夏季：アーネムパラリンピック開催 冬季：レークプラシッドオリンピック開催／ヤイロパラリンピック開催 冬季パラ大会への日本人初参加	
1982 昭和57	東北、上越新幹線が開業	
1984 昭和59	夏季：ロサンゼルスオリンピック開催 夏季：ニューヨーク、ストーク・マンデビルパラリンピック開催 冬季：サラエボオリンピック／インスブルックパラリンピック開催	
1988 昭和63	夏季：ソウルオリンピック・パラリンピック開催 冬季：カルガリーオリンピック／インスブルックパラリンピック開催	NHKスポーツ報道センター長に就任。80年代後半からはオリンピックをはじめ内外のスポーツの放送権ビジネスを担当する

1992 平成4	夏季：バルセロナオリンピック・パラリンピック開催 冬季：アルベールビルオリンピック開催 冬季：ティーニュ、アルベールビルパラリンピック開催	
1994 平成6	冬季：リレハンメルオリンピック・パラリンピック開催	
1995 平成7	阪神・淡路大震災が発生	NHK・民放と合同による「長野オリンピック放送機構」にてマネージングディレクターを務める
1996 平成8	夏季：アトランタオリンピック・パラリンピック開催	
1997 平成9	香港が中国に返還される	
1998 平成10	冬季：長野オリンピック・パラリンピック開催	NHK退局。Jリーグ理事に就任
2000 平成12	夏季：シドニーオリンピック・パラリンピック開催	FIFAワールドカップ日本組織委員会放送業務局長・国際メディアセンター長に就任
2002 平成14	冬季：ソルトレークシティオリンピック・パラリンピック開催	
2004 平成16	夏季：アテネオリンピック・パラリンピック開催	
2006 平成18	冬季：トリノオリンピック・パラリンピック開催	
2007 平成19	第1回東京マラソン開催	
2008 平成20	夏季：北京オリンピック・パラリンピック開催 リーマンショックが起こる	
2009 平成21		杉山茂氏、東京ヴェルディ相談役に就任
2010 平成22	冬季：バンクーバーオリンピック・パラリンピック開催	
2011 平成23	東日本大震災が発生	
2012 平成24	夏季：ロンドンオリンピック・パラリンピック開催 2020年　東京オリンピック・パラリンピック開催決定	
2014 平成26	冬季：ソチオリンピック・パラリンピック開催	
2016 平成28	夏季：リオデジャネイロオリンピック・パラリンピック開催	
2018 平成28	冬季：平昌オリンピック・パラリンピック開催	

第3章

「不正スタート対策」に奔走した陸上競技スターター

野崎忠信

Nozaki Tadanobu

27歳という若さで、1964年東京オリンピックの陸上競技スターター補助役員に抜擢され、パラリンピックではスターターを務めた野崎忠信氏。オリンピックの歴史的瞬間として語り草となっている男子100mで「10秒0」の世界新記録が樹立された背景には、1956年メルボルン大会、1960年ローマ大会とオリンピックで相次いだ「不正スタート」(通称：フライング)の対策に尽力したスターターたちの並々ならぬ努力があったと言います。その一員として役割を果たした野崎氏に、大成功に終わった東京オリンピック陸上競技の舞台裏についてうかがいました。

野崎忠信(のざき・ただのぶ)1937年生まれ。明星大学名誉教授。1964年東京オリンピック陸上競技スターター補助役員、パラリンピックスターター、1967年ユニバーシアード東京大会陸上競技会スターターを務めた。2001年に日本オリンピックアカデミー理事に就任。2015年から現在日本陸上競技協会総務委員会委員、関東パラ陸上競技協会顧問などの要職を担っている。

聞き手／佐塚元章氏　　文／斉藤寿子　　構成・写真／フォート・キシモト
取材日／2017年9月19日

徹底された「位置について、用意」の海外選手への認知

――1964年、東京オリンピックが開催された時は、野﨑さんはどんな役割をされていたのでしょうか？

当時、私は27歳で、普段は教員として高校に勤務していました。しかし、東京オリンピック期間中の約1カ月間は職免ということで、日本陸上競技連盟から打診を受けるかたちで、陸上競技の今で言う「スターター」、当時は「出発合図員」と呼ばれていましたが、その補助役員を務めました。

――オリンピック競技の中でも、陸上競技は多種目にわたって行なわれますから、それだけ審判員の数も多かったと思います。実際、どのくらいの人数で編成されていたのでしょうか？

全国47都道府県から、それぞれ優秀な審判員を動員しまして、全国規模で審判員が編成されました。補助役員を含めると、400人体制という大掛かりなものでした。そのなかでも、当時の東京陸上競技協会（以下、東京陸協）には、優秀な審判員が沢山いて、東京オリンピック

国立競技場スタンド通路にて

の陸上競技において、主要なポストはほとんどが東京陸協関係者から選ばれていました。

――本番に備えての準備というのは、いつ頃から始まって、どのような研修を受けられたのでしょうか？

開幕1年前に行なわれたプレオリンピックの時には既に準備が始まっていて、開幕までの間、研修はもう数え切れないほど受けました。毎日のように実際に競技を行ない、それをもとにして分厚いハンドブックが作られたんです。私自身はハンドブックの製作には直接は関わっていませんが、本当に細かく書かれてあって、これを作るのは相当大変な作業だったと思います。

――海外選手への対応については、例えば語学研修などがあったのでしょうか？

語学は、それほど意識してはいなかったですね。開幕の1カ月前頃から続々と海外選手が来

選手村でアメリカの陸上選手と記念撮影

日して、選手たちが練習をするわけです。その際、陸上競技のスターターは毎日練習に立ち会いました。なぜかというと、「我々日本のスターターは、こういうふうにしてスタートの合図をするんだよ」ということを選手に理解してもらいたかったからです。当時のＩＡＡＦ（国際陸上競技連盟、以下ＩＡＡＦ）の規則としては、「開催国の言語で、スタートの合図をして良い」とされていました。ですから、日本語では「位置について、用意」だということを選手に覚えてもらうために、開幕の３週間前から毎日、午前と午後、スターターと補助役員は、東京体育館にあったサブトラック、東京大学、織田フィールド（代々木公園陸上競技場）の３会場に分かれて選手の練習に立ちだということを海外選手に伝え続けたんです。

会いました。来る日も来る日も、「On Your Mark」は「位置について」で、「Set」は「用意」

――すぐに覚えてもらえましたか？

それが面白いもので、どの国においても、外国語で一番最初に覚えるのは数字のようで、海外の選手たちは「イチ、ニ、サン、シ、ゴ……」という日本語はわかっていたんですね。そうすると、「位置について」の「位置に」を数字の「イチ、ニ」と理解し、「オーケー。『ワン、ツー、スリー』だね」と、すぐに覚えてくれる選手が多かったですね。

――当時のスーパースターで、実際に東京オリンピックでは男子100mで金メダルに輝いた、ボブ・ヘイズ（アメリカ）の練習にも立ち会ったのでしょうか？

実は、ヘイズはなかなか練習会場に現れなかったんです。私の恩師でペアを組ませていただいていた「スターターの神様」こと佐々木吉蔵先生は、ヘイズが来るのをとても楽しみにしていて、毎日のように「今日も来なかったなぁ」とつぶやいておられました（笑）。それで、確か開幕の5日前になって、ようやく現れたわけです。私が最初に彼の姿を発見したものですから、佐々木先生に「ヘイズが来ましたよ！」と伝えたのですが、その時の佐々木先生の喜んだ顔は、今でも忘れることができません。

――ヘイズは、「位置について、用意」という合図をすんなりと受け入れましたか？

はい。佐々木先生が立ち会って、7、8回、スタートの練習を行なったのですが、すぐに理解してくれました。それと、彼はやっぱり頭がいいなぁと思ったのは、その7、8回の練習を、全て違うタイミングでスタートを切っていたんです。早く飛び出してみたり、ゆっくりと飛び出してみたり……。つまり、佐々木先生がどういうスタートの時に、どういう撃ち方をするのかということを確認していたんだと思います。そして、練習が終わった後に、佐々木先生に「あなたが本番も撃つんだろう？」と聞いてきたそうです。佐々木先生が「私が打ちますよ」と答えると、「これでオレは、安心してスタートを切ることができるよ」と先生と握手をして帰っていきました。彼は自信を持って本番に臨んだと思います。

「スターターの神様」佐々木氏に抜擢

――そもそも野崎さんがスターターを務めるようになったきっかけは何だったのでしょうか？

野崎忠信氏

私自身は、現役時代は200m、400mの短距離ランナーでした。私が東京学芸大学に入学した時の4月に、佐々木先生は同大学から文部省（現文部科学省）に転勤になったんです。ですから直接指導は受けていませんでしたが、関東のインターカレッジなどの大会になると、スターターを務めながら、母校の選手たちを見てくださっていました。そこで私がそこそこの活躍をしていたので、気にかけてくださっていたんでしょうね。大学を卒業後、審判員の資格を取得した私に、佐々木先生が「君はスターターをやりなさい」と勧めてくださったんです。いきなり言われて驚きましたが、「あぁ、学生時代から私のことを見てくれていたんだなぁ」と思って、嬉しかったですね。

――きっかけは、佐々木さんだったんですね。

そうなんです。ですから、佐々木先生には非常にかわいがっていただきました。当時は審判員の資格というのは、第3種、第2種、第1種、終身第1種となっていたのですが、まだ2種になりたての私を東京オリンピックの補助役員に指名してくださったんです。

東京大会で主任スターターを務めた
恩師佐々木吉蔵

――「スターターの神様」と呼ばれていた佐々木さんとは、どんな存在だったのでしょうか？

佐々木先生は、現役時代には陸上競技で1932年ロサンゼルス、1936年ベルリンと2大会連続でオリンピック日本代表に選出された方でしたから、私が学生の頃はそれこそ雲の上の存在でした。まさか身近に接することができるようになるとは、全く想像していませんでした。ロサンゼルス大会は残念ながらケガで出場することができなかったのですが、ベルリン大会では１００ｍに出場されました。その一次予選では、決勝で金メダルを獲得したジェシー・オーエンス（アメリカ）と同じ組で、しかも隣同士だったんです。それでスタートの時に、佐々木先生がちらっとオーエンスの方に目をやると、彼の手がじりじりと前に出てきていたというんです。スタートラインというのは５cmの白いラインが引かれているわけですが、通常はそのラインの手前に手をつくのに、オーエンスは少しずつ５cmラインの前方に手を伸ばしていたというんですね。疑問に思った佐々木先生はレース後に１９２０年のアントワープオリンピックに出場した野口源三郎さんら、現地にいた陸上関係者の重鎮に「５cmラインのどこからがスタートで、どこまでがフィニッシュなのか」と聞いたのですが、当時は国際ルールに規定されていなかったんです。戦後になってようやくＩＡＡＦのルールに規定されました。それによると「スタートのラインは１００ｍの中に含まれ、フィニッシュのラインは含まれない」と。つまり、スタートラインに手をかけてはいけないということなんですよね。佐々木先生は、ベルリン大会以降、ずっと悩んでいたようで、ルールで規定されたのを確認してようやくすっきりされたそうです。そんなエピソードを先生から伺いましたが、それほどルールに対して厳格な方でした。ですから、スターターとしても妥協は一切ありませんでした。しかし、その一方で、「スタートが切りやすいスターターでなければいけない」と選手に

スターターの任務を終えての退場（右から二人目）

対しては優しかったですね。私がよく言われたのは、スターターは選手が気持ち良くスタートを切ることができる雰囲気づくりを心掛けなければいけないということでした。進行が遅れる状況になった時、選手に対して「命令調に早くスタートラインにつきなさい！」などと、厳しく注意する人がいるのですが、そうではなくて、「レースに不慣れな初心者の選手ほど丁寧に扱いなさい。そうやって選手とスターターの信頼関係を築いていくんですよ」と、常に佐々木先生から教わったことを心掛けながら、私もスターターを務めるようにしてきました。

――その佐々木先生から指名をされ、アジア初開催のオリンピックにご自身が関わることができるとなった時のお気持ちはどんなものだったのでしょうか？

いやぁ、自分が東京オリンピックに関われるのかと思うと、本当に嬉しかったですよ。大学を卒業してまだ5年で選んでいただいたんですからね。当時、20代の若さで補助役員を務めたのは、少なかったと思います。

――当時、東京オリンピックに向かう日本というのは、野崎さんの目にはどんなふうに映っていましたか？

まずはオリンピックを招致するという段階から、次々とあちらこちらで工事が始まったんです。競技施設はもちろんですが、高速道路、新幹線の開通と、まさに突貫工事でしたよね。今思うと、50年、100年先を見て、東京の街をどうしていくのかということを考えなければいけなかったのではないかと思いますね。でも、当時は近代化の波が押し寄せて、そんなことを考える余裕はなかったのだと思います。まさに「オリンピック景気」にわいていました。

――開会式と陸上競技が行なわれた国立競技場も、東京オリンピックのためにリニューアル工事が行なわれたんですよね。

東京大会のために改装された国立競技場の空撮

はい。国立競技場は１９５８年に東京で開催されたアジア競技大会のために造られたのですが、東京オリンピックに向けて、新たにバックスタンドが増設されました。２０２０年東京オリンピックに向けては、結局取り壊されてしまいましたが、これもまた、今思うと、１００年先にも使用できるように考えて造っておけば良かったんじゃないかなと思うわけです。新国立競技場には常設のサブトラックがないということで、オリンピック後は陸上競技の国際大会は行なえないわけですが、１９６４年の時に東京体育館の脇にあった３００ｍトラックをサブトラックにするのではなく、きちんと４００ｍのサブトラックを造っておけば、今のような問題は起こらなかったのかなど、少し残念ですね。

忘れられない「円谷銅メダル」に流した織田氏の涙

――当時、日本の陸上競技界というのは、世界の中でどのような位置づけにあったのでしょうか？

男子は１００ｍに10秒１の日本記録を持っていた飯島秀雄がいましたし、８００ｍにも森本葵という注目選手がいました。森本はドイツに留学をしていて、１分47秒台という好記録を出していましたから、おそらく入賞はできるだろうと期待されていました。そして何といっても、円谷幸吉、君原健二、寺沢徹の３人がいたマラソンが、注目度としては一番高かったと思います。

――女子の方はいかがでしょうか？

女子の中では、やはり80ｍハードルの依田郁子でしたね。飯島と同じ指導者の下でやっていて、依田も飯島もそろって決勝に行くだろうと期待が寄せられていました。結局、依田は決勝

東京大会マラソンで銅メダルを獲得した円谷幸吉（左）

に残って5位入賞しましたが、飯島は残念ながら準決勝敗退でした。

――陸上競技で日の丸を揚げたのは、マラソンで銅メダルを獲得した円谷ただ一人でした。

はい、そうです。しかも、円谷は陸上競技の初日に10000mで6位入賞を果たしているんです。当時「入賞」は8位ではなく、6位まででしたから、まさにギリギリで入ったということになりますが、日本男子のトラック競技としては戦後の初の入賞でしたから、大健闘だったわけです。さらに最終日のマラソンでも銅メダルを獲得したんですからね。今考えると、よく走ったなと思いますよ。

――日の丸が掲揚された時の感動というのは、どういうものでしたか？

よく覚えていますよ。最終日でしたから、審判員と補助役員は全員、国立競技場にいたんです。審判員の控室はダッグアウトにあったのですが、円谷が2位で競技場に入ってくることはテレビ中継でわかっていました。その日まで陸上競技で日の丸が一度も揚がっていませんでしたから、陸上競技のヘッドコーチを務めていた織田幹雄さん（1928年アムステルダムオリンピック三段跳びで日本人初の金メダルを獲得）が、競技場に現れた円谷の姿に「これでようやく日の丸が揚がる」ということで、ボロボロ涙を流されていたんです。私はその姿が衝撃的で、円谷よりも織田さんを見ていたくらいです。途中で、円谷がベイジル・ヒートリー（イギリス）に抜かれた時には、悲鳴があがりましたが、それでも国立競技場のポールに初めて日の丸が揚がったわけですから、織田さんをはじめ、審判員も全員、感慨ひとしおだったと思います。

高さ、位置、声のタイミング、音量……緻密に図られた「不正スタート」対策

――さて、スターターのお話をお伺いしたいのですが、当時はどういう技術のもとで行なわれていたのでしょうか？

１９５６年メルボルン大会でも１９６０年ローマ大会でも不正スタートが相次いだということもあって、佐々木先生には全てのレースにおいて不正スタートをせず一発でスタートをさせたいという思いが一番にありました。そのために文部省を退職して、日本体育大学に移ったんですから、まさに執念ですよね。準備の段階で行なわれたのは、まずはスターターが立つスタート台を、直走路と曲走路の種目とでそれぞれどの高さにすべきかということが検討されました。曲走路の場合はスタートの位置が階段状になっていますから、横一線の直走路の場合よりも少し高くしないと選手全員が見えないんです。それで、さまざまな高さのスタート台を作って試してみた結果、直走路は30㎝、曲走路は80㎝となりました。それからスターターが立つ位置。どの位置に立てば、スターターの目から選手が一番見やすいのかということで、これもまたいろいろと実験が行なわれました。実は、オリンピックでは１９６０年のローマ大会までは6レーンだったのですが、東京大会からは8レーンとなったんです。わずか2レーン増えただけと思われるかもしれませんが、スターターにとっては大変なことでした。6レーンだった時には、曲走路の場合、各スタートラインから等距離の位置に立てば、全員を一度に見ることができたんです。ところが、8レーンになった途端に、見なければいけない範囲が2レーン分広範囲になったことで、等距離の位置では両端の1レーンと8レーンの選手が視野から切れてしまって見えなくなってしまったんです。そこで、1レーンのスタートラインから10m後方に下がってみたところ、きちんと見えることがわかりました。ところが、それでは1コースと8コースとではスターターとの距離に差異が出てしまい、音の伝達速度に平等性が保てないという問題が浮上しました。つまり、スターターに最も近い1レーンには速く伝わって、アウトレーンになればなるほど遅く伝わってしまうわけです。実際、ピストルを撃つと、1レーンから順に階段状になってスタートが切られました。これでは公平なレースができません。

そこで本番ではどうしたかというと、各スタートラインに置くレーンナンバーボックスの中にスピーカーを設置したんです。そこからピストルの音を聞かせるということにしたわけです。ところが、スピーカーから聞こえてくるピストルの音は実際の「ドン」ではなく、「ガー」という音しか出てこない。ほぼ同時に伝わる1レーンはいいのですが、アウトレーンになればなるほど、「ガー」という音の後に、遅れて「ドン」という音が聞こえて、2回音が伝わってしまうんです。そうすると、ランナーは不正スタートがあったと誤解をして走るのを止めてしまうことがありました。そこで対策として、「遅れて『ドン』という音が聞こえるけれども、それは無視をして、とにかく最初にスピーカーから聞こえてくる『ガー』という音でスタートを切りなさい」ということを、本番では予選から出発係を通じて全選手に徹底的に伝えるという

東京大会陸上男子100mスタートの瞬間（スターターは佐々木吉蔵）

ことをしました。その結果、ひとつのトラブルもなく、事なきを得ました。一方、直走路の場合には、スターターの立つ位置をスタートラインから3m、1レーンから4m後方の位置にしました。スタートの動作は、一番最初に足が動くんですね。ですから、8人全員の足の動きがよく見ることができるということで、その位置になりました。

——裏ではそういったご尽力があったというわけですね。

実はもうひとつ、不正スタート対策として、佐々木先生が行なったことがありました。それは、「位置について」から「用意」、「用意」から号砲まで、ピストルを撃つまでのタイミングです。佐々木先生の指示で、私は4人のスターターがそれぞれどのくらいかかっているかをストップウオッチで測りまして、どの位のタイミングだと不正スタートが起こりやすくて、どの位のタイミングだときれいにスタートすることができるのか、というデータを1年前から取りました。東京オリンピックのスターターは4人いたのですが、その平均値は2秒でしたので、1.8〜2.0秒が一番スタートを切りやすいという結果を佐々木先生に伝えました。それと、言い方も非常に重要で、例えば「用意！」と大きな声で言ってしまうと、その声に反応してパッと出てしまう傾向があるんです。逆にちょっと声を低くして優しく「用意」と言うと、腰を上げ静止することができるんですね。そうすると、選手は落ち着いて腰を上げて待っていられるので、全員が静止したのを確認してからピストルを撃つというふうにしていました。

――佐々木さんのスタートにかける強い思いが伝わってきますね。

はい。しかも佐々木先生は、スターターに何かあった場合に即座に対応できるようにと、もう一人、予備のスターターを配置するという体制をとりました。実は、この予備スターターをつけたことに着目したＩＡＡＦのＩＴＯ（国際テクニカルオフィシャル）がいまして、「これはいい制度だ」ということで、東京オリンピックの2年後に正式に国際ルールとして導入されたんです。つまり、今でいう「リコーラー」が導入されたきっかけを作ったのは、東京オリンピックだったんですね。

——ちなみに本番で使用されたピストルは、本物だったのでしょうか？

警視庁から38口径ニューナンブのピストルを4丁借りてきまして、実砲で撃ちました。もちろん実弾ではなく、火薬を詰めて空砲で撃っていたわけですが、難しかったのは火薬の量で音量が異なることでした。そこで、どれくらいの火薬の量を詰めた時が最も適した音の大きさなのかということで、ずいぶんと実験しましたよ。それで、「この量」というのが決まって、本番に臨んだわけです。そして、私の仕事は毎日競技が終わった後に4丁のピストルを磨くことでした。もう、毎日ピカピカに磨き上げましたよ。

2020年大会が「Sports for All」のきっかけに

——そうしたスターターの並々ならぬ努力もあって生まれたのが、男子100mでヘイズが出した「10.0秒」という世界新記録でした。

あの時のことは、よく覚えています。私自身は、スタートラインの後方約20mのスタンド下の場所でスタートタイミングの計時をしていましたので。ファイナリスト8人は、一次予選、二次予選、準決勝ときて、決勝で4度目のレースでしたから、スターターの佐々木先生の撃ち方というのはもうわかっていたと思います。ですから、佐々木先生が「位置について～用意」と言った時、準決勝までバラバラだった腰の上がるタイミングが、決勝では8人全員がパッときれいに上がって静止したんです。そこからは、動きませんでした。それで、佐々木先生も「これ以上待ったら動いて不正スタートになる」というギリギリのところで撃ったと思うのです。そのタイミングは「用意～号砲」まで1.6秒でした。私は後ろから見ていて、いつもよりは少し早かったのですが、きれいに一発で8人が出ました。そしたら佐々木先生がスタート台から下りてきて、「よし、一発で出た！」とほっとしていました。そして「もう俺の役目は終わった」とおっしゃったんです。実際は、陸上競技の2日目でしたから、まだまだレースはありました。ただ、一番の花形競技である男子100mを一発でスタートさせたことに、安堵の気持ちがあったのだろうと思います。

――もう、あとは誰が勝ってもいいというくらいのお気持ちだったんでしょうね。

本当にその通りだったと思いますよ。それで、気付いたらヘイズが優勝していたという感じ

東京大会男子100m決勝、右端がボブ・ヘイズ

でした。しかも、10秒0という世界新記録を出しましたから、競技場は大興奮でした。

——不思議だったのが、通常は準決勝のタイム順で決勝のレーンが決まりますから、ヘイズは真ん中のレーンになっていたはずですが、あの時は1レーンでした。何か理由があったのでしょうか？

現在は、準決勝の上位4人が抽選で3〜6レーンの真ん中を走り、下位の4人が1、2と7、8の端のレーンを走ることになっているのですが、当時は8人全員で抽選をするというルールだったんです。それで、ヘイズは1レーンを引いたんです。

——東京オリンピックではアクシデントと

野﨑忠信氏

いうようなものはあったのでしょうか？

いいえ、アクシデントと呼べるものは記憶にないですね。というのも、織田さんをはじめ、1936年ベルリンオリンピックで棒高跳び銀メダリストの西田修平さんなど、陸上競技関係者には錚々たるメンバーがいらっしゃる中で、「失敗はひとつも許されない。完璧にやらなければ成功にならないんだ」と言われていました。審判員は全員、そのことを肝に銘じていたと思います。ですからミスというものは皆無で、完璧にやり遂げたと思いますよ。おかげでＩＡＡＦの方からは「東京大会は、これまでのオリンピックの中で最高の大会だった。今大会の審判団は素晴らしい」と、お褒めの言葉を頂戴しました。

――東京オリンピックの1カ月後には東京パラリンピックが開催されましたが、こちらはいかがでしたでしょうか？

おそらく１９６４年の東京パラリンピックの記憶がある人は、ほとんどいないと思いますね。陸上競技は国立競技場ではなく、織田フィールドで行なわれました。競技プログラムも事前に用意されていなくて、当日受付で手書きの進行表や日程表、出場者リスト（ガリ版刷りや青焼き）をもらった記憶があります。種目数も今のように多くはなく、とても少なかったですね。競技場にいたのは、ほとんど関係者で、観客といっても選手の身内ばかりでした。報道もほと

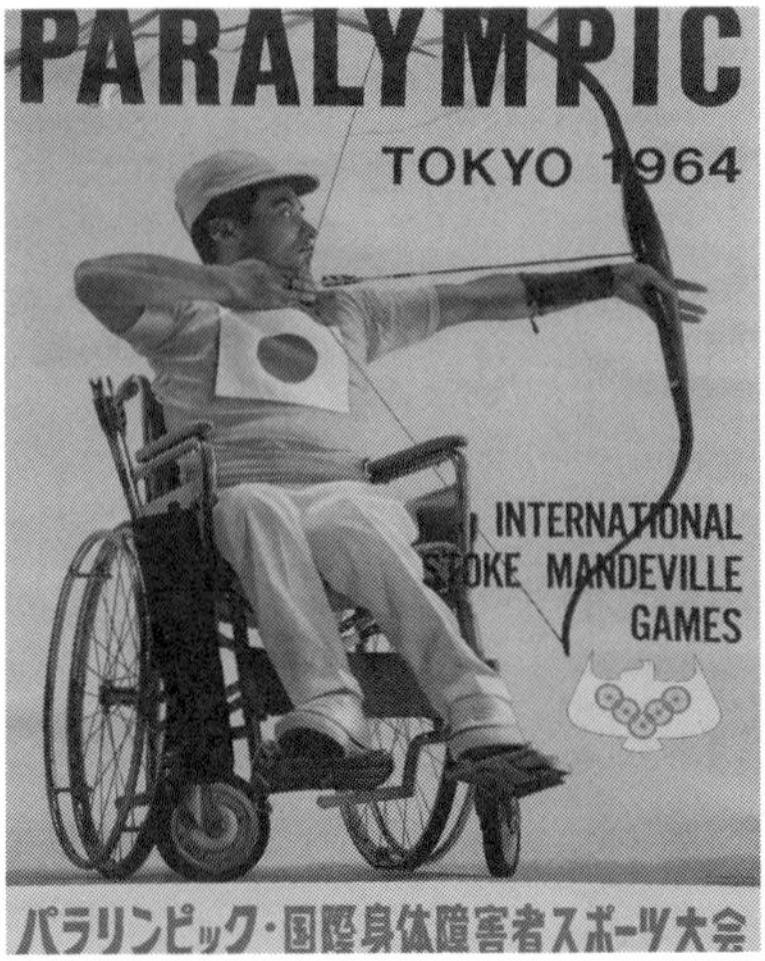

オリンピックに続いて行なわれた
パラリンピックのポスター

んどされていなかったと思いますので、開催されていること自体を知っている人たちが少なかったと思います。

――野崎さんご自身は、どのような立場で関わられたのでしょうか？

パラリンピックの審判団は、オリンピックの審判団の中で、比較的若い人たち、それも東京陸協の人たちで編成されていました。ですから、27歳だった私もパラリンピックではスターターを務めました。

――１９６４年の東京オリンピックとパラリンピックを経験した野崎さんからすると、２０２０年はどんな大会になってほしいと思われますか？

正直に言えば、２０１１年に起こった東日本大震災の被災地、特に未だに原発問題が解決されていない福島県のことを考えると、２０２０年に東京オリンピック・パラリンピックを開催することよりも復興を優先すべきではないかという気持ちもあるんです。ですから、2020年については手放しで喜ぶことは未だにできないところがあります。

ただ、もう開催することは決定したわけですから、やるのであれば、やはり将来につながる大会になってほしいなと思います。そのためには選手強化も大事ですが、「いつでも、どこでも、誰でも、安心して」スポーツができる環境が必要だと考えています。例えばドイツやイギリスをはじめヨーロッパではそういった施設が整備された環境の中で、スポーツが行なわれています。日本の場合はまだそのような環境に至っていません。現在有望な選手に対しては、資金を投入して重点的に育成をしていますが、それが底辺拡大にまで大きな役割を果たすようになってほしいと思います。よく「Sports for All」という言葉を耳にしますが、早くこの言葉が実現できるようになって欲しいと願っています。東京オリンピック・パラリンピックの開催が、その大きなきっかけになることを期待したいですね。

野崎忠信氏 略歴

	オリンピック関連・世相	野崎氏
1936 昭和11	夏季：ベルリンオリンピック開催 冬季：ガルミッシュ・パルテンキルヘンオリンピック開催	
1937 昭和12		野崎忠信氏、東京都に生まれる
1940 昭和15	第二次世界大戦でオリンピック中止	
1944 昭和19	第二次世界大戦でオリンピック中止	
1945 昭和20	第二次世界大戦が終戦。1947（昭和22）年、日本国憲法施行	
1948 昭和23	夏季：ロンドンオリンピック／冬季：サンモリッツオリンピック開催	
1950 昭和25	朝鮮戦争が勃発	
1951 昭和26	日米安全保障条約を締結	
1952 昭和27	夏季：ヘルシンキオリンピック開催／冬季：オスロオリンピック開催	
1955 昭和30	日本の高度経済成長の開始	
1956 昭和31	夏季：メルボルンオリンピック／冬季：コルチナ・ダンペッツォオリンピック開催	
1959 昭和34	1964年東京オリンピック開催決定	
1960 昭和35	夏季：ローマオリンピック／冬季：スコーバレーオリンピック開催 ローマで第9回国際ストーク・マンデビル競技大会が開催	
1962 昭和37		東京都陸上競技協会普及強化コーチに就任
1963 昭和38		東京都高等学校定時制体育連盟陸上競技部副部長に就任
1964 昭和39	東京オリンピック・パラリンピック／インスブルックオリンピック開催 東海道新幹線が開業	東京オリンピック・パラリンピック陸上競技スターター補助役員を担当 東京パラリンピック陸上競技スターターを担当
1967 昭和42		ユニバーアシード東京大会陸上競技会スターターを担当
1968 昭和43	夏季：メキシコシティーオリンピック／テルアビブパラリンピック開催 冬季：グルノーブルオリンピック開催	

1969　昭和44	日本陸上競技連盟の青木半治理事長が、日本体育協会の専務理事、日本オリンピック委員会（JOC）の委員長に就任 アポロ11号が人類初の月面有人着陸	
1972　昭和47	夏季：ミュンヘンオリンピック／ハイデルベルクパラリンピック開催 冬季：札幌オリンピック開催	
1973　昭和48	オイルショックが始まる	
1976　昭和51	夏季：モントリオールオリンピック／トロントパラリンピック開催 冬季：インスブルックオリンピック開催。ロッキード事件が表面化	
1978　昭和53	8カ国陸上（米・ソ連・西独・英・仏・伊・波蘭・日本）開催 日中平和友好条約を調印	
1980　昭和55	夏季：モスクワオリンピック開催（日本はボイコット）。 夏季：アーネムパラリンピック開催 冬季：レークプラシッドオリンピック／ヤイロパラリンピック開催 冬季パラ大会への日本人初参加	
1982　昭和57	東北、上越新幹線が開業	
1984　昭和59	夏季：ロサンゼルスオリンピック開催 夏季：ニューヨーク、ストーク・マンデビルパラリンピック開催 冬季：サラエボオリンピック／インスブルックパラリンピック開催	
1988　昭和63	夏季：ソウルオリンピック・パラリンピック開催 冬季：カルガリーオリンピック／インスブルックパラリンピック開催	
1989　昭和64 平成元		東京都陸上競技協会普及強化コーチに就任 第3回世界陸上競技選手権東京大会スターター主任に就任
1992　平成4	夏季：バルセロナオリンピック・パラリンピック開催 冬季：アルベールビルオリンピック開催 冬季：ティーニュ、アルベールビルパラリンピック開催	
1994　平成6	冬季：リレハンメルオリンピック・パラリンピック開催	

1995 平成7	阪神・淡路大震災が発生	
1996 平成8	夏季：アトランタオリンピック・パラリンピック開催	
1997 平成9	香港が中国に返還される	
1998 平成10	冬季：長野オリンピック・パラリンピック開催	
2000 平成12	夏季：シドニーオリンピック・パラリンピック開催	
2001 平成13		日本オリンピックアカデミー理事に就任
2002 平成14	冬季：ソルトレークシティオリンピック・パラリンピック開催	
2003 平成15		財団法人日本陸上競技連盟競技運営委員会審判部・公認審判員制度検討小部会長に就任
2004 平成16	夏季：アテネオリンピック・パラリンピック開催	
2006 平成18	冬季：トリノオリンピック・パラリンピック開催	
2007 平成19	第1回東京マラソン開催	
2008 平成20	夏季：北京オリンピック・パラリンピック開催。リーマンショックが起こる	
2010 平成22	冬季：バンクーバーオリンピック・パラリンピック開催	
2011 平成23	東日本大震災が発生	
2012 平成24	夏季：ロンドンオリンピック・パラリンピック開催 2020年東京オリンピック・パラリンピック開催決定	
2014 平成26	冬季：ソチオリンピック・パラリンピック開催	
2015 平成27		日本陸上競技協会総務委員会委員に就任 NPO法人関東パラ陸上競技協会顧問に就任
2016 平成28	夏季：リオデジャネイロオリンピック・パラリンピック開催	
2018 平成30	冬季：平昌オリンピック・パラリンピック開催	

第4章

トップ通訳として見た「東京オリンピック」

島田晴雄

Shimada Haruo

1964年東京オリンピックでは、わずか10人の選ばれし「トップ通訳」として活躍した島田晴雄氏ですが、高校時代までは英語が苦手だったと言います。慶應義塾大学時代には名門の英語会副委員長を務め、全国英語ディベートコンテストで準優勝するなど、「英語の達人」となったのは、絶え間ない努力があったからこそ。その成果が、東京オリンピックで花開き、数々の貴重な経験をした島田氏にお話をうかがいました。

島田晴雄（しまだ・はるお）1943年生まれ。経済学者。慶応義塾大学4年生の時に1964年東京オリンピックの通訳を担当した。同大修士課程修了後にアカデミックの道へ進む。同大教授を務めたのち、マサチューセッツ工科大学訪問教授、東京大学先端科学技術研究センター客員教授、富士通総研経済研究所理事長などを歴任。現在は、首都大学東京理事長、慶應義塾大学名誉教授。

聞き手／佐塚元章氏　　文／斉藤寿子　　構成・写真／フォート・キシモト
取材日／2017年10月12日

オリンピックの通訳担当に学生を採用した時代

――島田さんは、１９６４年東京オリンピックが開催された時には、慶應義塾大学４年生で東京オリンピック組織委員会の上級通訳をされたわけですが、当時はオリンピックに対してはどのような思いがあったのでしょうか？

正直言って、当時はオリンピックの開催意義などということは、あまりわかっていなかったと思います。とにかくアジアで初開催のオリンピックに自分が少しでも携われるということに対して、感動と感激しかありませんでした。

――東京の街の変化というのは、学生の島田さんにはどのように映っていましたか？

もちろん、東京オリンピックに向けて東京中の人たちが心躍らせている雰囲気は感じていましたが、街の様子がどのように変わっていったかということは、あまり覚えていないんです。というのも、私は通訳として8月から11月初旬まで、約3カ月間、組織委員会直属の通訳として仕事をしていましたから、外の様子をじっくりと見るということがありませんでした。

――東京オリンピックでは、学生が通訳を担当したということですが、当時はプロの通訳はいなかったのでしょうか？

もちろん通訳専門の会社もありましたし、プロの通訳はいました。ただ、当時オリンピックはアマチュアリズムを徹底していて、通訳においては全て学生を前面に立たせていたんです。当然、プロに比べれば力は落ちますが、それでも学生を起用した当時の東京オリンピック組織委員会は、今考えるとすごいなと思いますよね。

――通訳の募集はどのように行なわれたのでしょうか？

開幕1年前から都内の大学には、「オリンピックの通訳担当に、語学が堪能な学生を募集する」というような話が来ていて、学生の中では大変な騒ぎになっていました。

――当時、島田さんは慶應義塾大学の英語会（ＥＳＳ）の委員長を務めていました。

実は、私は副委員長で、委員長は別の帰国子女の人が務めていたのですが、まぁ、いろいろありまして（笑）、私が事実上委員長をしているようなものでした。慶應義塾大学の英語会というのは、非常に伝統あるサークルでありまして、当時は４００人ほどいました。毎年、全国英語ディベートコンテストでは優勝するのが当然で、優勝しないと先輩方から叱られてしまう

慶應義塾大学英語会（ESS）のメンバーと（大学3年）

んです。私はディベートを担当していまして、委員長とペアを組んでコンテストに出場したのですが、準優勝でした。そうしたら、先輩方に呼び出されまして「お前ら何をやっているんだ！　なんで優勝しないんだ！」とこっぴどく叱られたという思い出があります。

トップ中のトップ通訳10人に選抜

――そんな全国的にも優秀な慶應義塾大学の英語会副委員長としては、オリンピックの通訳の話は「千載一遇のチャンス」とばかりに飛びつかれたのでは？

はい、その通りです。私だけでなく、学

内の英語に堪能な学生はみんな、「自分もオリンピックに携わりたい」ということで応募していました。

――テストはあったのでしょうか？

ありました。どんな内容だったかはあまり覚えていないのですが、とにかくテストの結果によって採用通知が来まして、採用された学生は「どこの国のどの競技」というように担当が伝えられていったんです。慶應義塾大学の英語会の仲間たちも次々と通知が来まして、担当が決まっていったのですが、なぜか私にはなかなか通知が来ませんでした。「あれ、もしかしてダメだったのかな」と思っていたら、しばらく経って、ようやく通知が来ました。そしたら「代々木の岸記念体育会館に来てほしい」という内容だったんです。それで岸記念体育会館に行くと、私のほかにも大勢の学生が呼ばれていまして、東京オリンピック組織委員会与謝野秀事務総長が「君たちは選ばれた100人だ。ほかの学生とは違い、選手団団長付の通訳として頑張ってもらいたい」と言ってくださったんです。

――特別な100人に選ばれたということですね？

はい、そうなんです。ほかの学生通訳は競技会場を担当するのですが、私たちは参加100

柔道競技をご観戦のベアトリクス女王と皇太子（当時）ご夫妻

カ国の選手団団長専属の通訳ということで、「常に団長の側で支える役割」を仰せつかったわけです。団長には組織委員会からトヨタのクラウンが公用車として1台支給されていまして、団長付の通訳はそのクラウンに乗って隣の席に座ることができました。

――それは大変名誉な任務を授かったんですね。

しかも、その100人の中でもさらに優秀な10人については、どの国の団長に付きたいかを選ぶ権利が与えられまして、私も光栄なことにその10人に選ばれました。

――島田さんが希望した国はどこだったのでしょうか？

オランダです。ベアトリクス王女が来日することも知っていましたし、柔道とフェンシングが強いことで有名で、東京オリンピックでは前評判が高い国のひとつだったんです。希望通りにオランダの団長付となったのですが、しばらくしてまた岸記念体育会館に呼ばれました。すると「実はオランダから『オランダ選手団は英語の通訳は要らないので、彼には自転車の競技会場に行ってもらい、代わりにオランダ語の通訳が欲しい』という連絡がきているんだ」と聞かされました。「じゃあ、自分はどうなるのかなぁ」と思っていたら、与謝野事務総長がこう言ってくださったんです。「あなたは何万人の学生の中から選ばれたトップの10人なんだから、自転車競技会場に行かせるというわけにはいかない。だから、組織委員会としてはオランダ選手団には学生通訳は付けないことにした。とはいえ、あなたは団長付の資格を持っているわけだから、オランダの団長に支給する予定だったクラウンは、あなたが使いなさい。その代わり、その時々で一番忙しい現場に行ってもらいますので、よろしくお願いしますね」と。つまりは、組織委員会直属のようなポジションを与えていただいたんです。

――では、学生の島田さんお一人のための公用車が支給されたわけですね。

そうなんです。しかも、五輪マークの旗をはためかせたクラウンですからね。もう、きんと雲に乗った孫悟空の気分でしたよ（笑）。

英語漬けの日々で「I shall return」宣言を実現

――わずか10人の団長付通訳になるほど、英語の達人だった島田さんですが、そもそも英語を勉強したのは何がきっかけだったのでしょうか？

実は、私は高校2年の時まで英語がからっきしダメだったんです。ある日、私の家の修復に長髪のアルバイトのお兄さんがペンキを塗りに来たんですね。聞いたら、彼は早稲田大学の学生で、僕に「英語がうまくなりたいんだったら、いい方法を教えてあげるよ」と言ってくれたんです。「どうしたらいいんですか？」って聞いたら、「とにかく外国人と話すこと。誰でもいいから、自分からつかまえて話すようにしなさい。それくらいやらないと、英語なんて話せるようになんかなれないよ」と。

――島田さんは高校時代までボート部に所属していて、舵取り役のコックスを担当されていました。オリンピックを狙うほどの選手だったと聞いています。

慶應義塾大学ボート部は、単独のチームで何度もオリンピックに出場している名門で、そのボート部から、高校の時にコックスとしてスカウトされたんです。それで、高校2年の時には東京オリンピックを意識しての強化合宿が始まっていました。ですから、当時はボートの練習に明け暮れていて、英語を勉強する時間なんてなかったんです。ところが、高校2年生の時に体を悪くして、ボート部を辞めざるを得なくなってしまいました。その後は、水泳部に入ったのですが、ちょうどその頃に英語に興味を持ったんでしょうね。ふと気づけば、スポーツばかりして、勉強は何もやってこなかった自分に気付いて、英語を勉強してみようかなと思ったのがきっかけでした。

――ペンキ屋のお兄さんの言う通り、外国人には話しかけられたんですか？

はい、話しかけましたよ。高校3年の夏に房総半島の突端の天津（漁師町）の知人宅に素潜り三昧で滞在した後、帰りの電車の中にブルーの軍服姿のアメリカ人が乗っているのを発見したんです。おそらく空軍の士官だったのでしょう。これはチャンスだと思いました。ところが、やっぱりなかなか話しかけられなくてね（笑）。「どこで話しかけようか……」と思っているうちに、もうすぐ自分たちが電車を降りる駅に到着するという所まで来てしまったんです。「これを逃したら、僕は一生英語ができない」と思って、ようやく勇気を振り絞ってアメリカ人に近づいていって、肩を叩いたんです。そのアメリカ人は突然のことで驚いたんでしょうね。「What?」って言ってきました。それで僕はありったけの英語を使って、「I am a high school student. My name is Haruo Shimada.」って言ったら、「Good for you.」と言われましてね。それだけでもう乗り換えなければいけない駅に到着してしまったのですが、もう天にまで昇る気分で自宅まで帰ったことを今でも覚えています。

――それで一気に自信をつけられたんですね。

そうですね。それで、翌年に慶應義塾大学に入ったのですが、ちょうどその頃に父親が癌で亡くなりまして、1日に何カ所も家庭教師のアルバイトをかけもつ生活を送っていました。結構大変だったのですが、それでもやっぱり英語をやりたいと思って、英語会に入部したんです。でも、当時の私のレベルでは、全然だめでした。というのも、私は慶應義塾大学の附属出身でしたから、高校も大学も受験勉強をしていないんです。しかも体育会でしたからね。それでも英語会に入った最初のうちは、まだ良かったんです。外部から入学してきた人たちにキャンパスのことを伝えたりして、結構調子よく話すことができました。それでも、やがてみんなが難しい単語を使って話をするようになると、だんだんとみんなについていけなくなって……何を言っているのかさっぱりわかりませんでした（笑）。参考書を買って勉強したりしましたけど、全然読めなくて、自分自身にがっかりしてしまいましたね。

——英語会をやめようとは思わなかったんですか？

ある時ふと思ったんです。「このまま続けてもダメだな」と。それで自分自身に腹が立って、みんなの勉強会の席で、持っていた資料をバンッと机の上に叩きつけて、立ち上がったんです。そして、ドアの方に歩いて行って、閉める前に、みんなの方を振り向いて、こう言いました。「I shall return!」って。米軍のダグラス・マッカーサーが駐屯していたフィリピンを日本軍に侵攻されて、脱出する時に言った言葉ですよね。「私は必ず戻ってくるから」と。まぁ、みんなは「ろくに英語を話せないやつが、何を言っているんだ」という感じだったでしょうけどね（笑）。

——かっこいいですね！ みんなに宣言して、マッカーサーばりに去っていったわけですね。

そうなんです。宣言したからには勉強しなければいけないですからね。最初は、高校の英語の教科書を読んでみたのですが、それが結構難しくて、その時の僕には高すぎるレベルでした。それで、仕方ないから中学の教科書を読んでみたら、２年生のレベルがちょうど良かったんです。「今の自分の学力はここなのか」ということがわかりまして、そこから始めました。アルバイトをしながらでしたから、とにかく時間がなかったのですが、通学やアルバイトに行く道すがらや電車に乗っている時間を利用して勉強しました。

――順調に英語は上達されたんですか？

校内スピーチコンテストがありまして、大学2年生の時にそれに出場しようと、自分で英作文を作ったんです。それを近くの教会の宣教師に見てもらって正しい英語に直してもらいました。さらに、宣教師が読んだのをテープに吹き込んでもらって、それを時間を見つけては何百回も聴いて覚えたんです。それこそ道を歩いている時も、電車に乗っている時も、聴きながら練習をしていましたから、周囲の人は驚いていましたね。でも、そんなことはお構いなしでした。「I shall return!」とみんなの前で宣言したからには、やらなければという気持ちの方が強かったですからね。

――スピーチコンテストはいかがだったんですか？

やるだけのことはやりました。でも、「結果はどうせダメだろうな」と思っていたので、自分のスピーチが終わったら、すぐに自宅に戻ったんです。そしたら先輩から電話がかかってきまして、「オマエ、何で帰ったんだ？　オール日吉（1、2年時日吉校舎）で3位に入ったんだぞ。オマエがいないから、オレが代わりに賞状を受け取ったから」と言うわけです。聞けば、4、5位の学生はニューヨーク帰りの帰国子女だと言うんですね。それで少しだけ「I shall return!」を実現した気分になりましたね。翌年大学3年生の時には、オール三田（3、4年時三田校舎）で2位に入りまして、慶應義塾大学の代表としてディベートコンテストに出場することになったというわけです。

参加を許されなかったインドネシア選手団

――さて、オリンピックに話を戻したいと思いますが、8月から働いていたということですが、開幕前はどのような場に行かれていたのでしょうか？

まず最初は、東京の代々木に設置されたプレスセンターに行きました。その頃にはもう世界の報道陣が仕事をしていまして、当時はタイプライターの時代ですから、もうあちこちから「パチパチ」とタイプライターを打つ音が聞こえてきて、騒然としていましたね。その報道の人たちからセンターのスタッフにいろいろな注文が来るので、私はそれを通訳するのに、1カ月ほど、センター内を忙しく駆け回っていました。

――1カ月後、開幕が近づくと、どのような仕事に従事していたのでしょうか？

羽田空港で各国の選手団を迎える役割を担いました。開幕1カ月前、9月に入ると、次々と選手団が来日してきたんです。空港内は厳しい規制がはられていましたが、「団長付」の腕章をつけている私は、どこもすぐに通してくれました。当時、飛行機から降りると、今のようにターミナルに直接つながってはいませんから、飛行機のタラップを降りて、ターミナルまで歩くわけですね。そうすると、そこに赤いカーペットが敷かれまして、まず最初に団長がタラップを颯爽と降りてくるんです。ですから、私はタラップのすぐ下に待機していまして、まずは団長に「ようこそ日本へ。私は通訳を担当する慶應義塾大学の島田です」というご挨拶をする役でした。ですから、彼らが来日して最初に会話をした日本人が私だったんです。今思うと、本当にすごいことですよね。空港からバスまでお連れするのが私の仕事で、そこからは各選手団の団長付の学生通訳にバトンタッチするという感じでした。

日本青年館に設置されたメインプレスセンター

――お迎えした中で、最も印象深い国はどこだったのでしょうか？

全部で何十カ国の選手団をお迎えしたのですが、今も忘れることができないのはインドネシアでした。もうほとんどの国が既に到着していて、最後の方だったと思いますが、9月28日の朝、インドネシア選手団を乗せたガルーダ航空が羽田空港に到着したんです。詳しいことは知りませんでしたが、インドネシアが政治的な問題を抱えているということだけは私もちらっと聞いていました。後で知ったのですが、1963年にIOCから脱退していたインドネシアが、やはりIOCから脱退していた中華人民共和国などに呼び掛け「新興国競技大会」を開催し、これを受けてIOC、国際陸連、国際水連等がこの大会に参加した選手を資格停止処分にしました。インドネシア選手団にこれらの選手も含まれていたので、日本とIFが交渉を続けていたのです。当時の私には詳しい政治事情はわかりませんでしたが、とにかく飛行機は羽田に到着しているわけですから、いつもと同じようにタラップの下で待っていましたら、選手団は飛行機を降りてはいけないということで、団長だけが降りてきたんです。団長はインドネシア陸軍の大佐ということでしたが、記者会見のために空港内に行くということで、私がご案内しました。

――陸軍大佐ですから、やはり威厳があったんでしょうね。

私と接している時は、非常ににこやかにされていて、流暢な英語で話していましたが、会見場に一歩入ると、厳しい表情で、全てインドネシア語で対応していました。

――会見の後、どうされたんですか？

入国が許されていませんから、団長はすぐに飛行機へと戻りました。そして、また2～3時間ほどすると、団長が降りてきて、会見をするんです。それが夕方までに4回繰り返されました。そのたびに、私は団長を飛行機から会見場へ、会見場から飛行機へとお連れしたんです。その間、選手団はずっと飛行機の中で待機していました。

――結局、どうなったんですか？

その後入国し、選手村には入らず、ホテルで待機していましたが、結局参加には至らず、帰国することになり、最後のお見送りに行きました。それは、非常に辛いものでしたね。事情はあるにしろ、せっかく日本に来ているのに大会に参加せずに帰るということで残念でなりませんでした。「オリンピックは平和のシンボルであるはずなのに……」という気持ちしかなかったです。

――その時の団長の様子はいかがでしたか？

さすがは陸軍大佐ですよね。「日本滞在中は付き合ってくれて、ありがとう」と言って、毅然とした態度でタラップを駆け上がっていきました。ドアが閉まって、飛行機が羽田を飛び立

開会式当日に帰国するインドネシア選手団

った時、思わず涙が出てしまいました。「こんなことがあっていいのだろうか……」と、もう涙が止まりませんでした。

チャスラフスカとディスコでダンス

――忙しい日々の中で迎えたと思いますが、10月10日、オリンピックの開会式はどこにいらっしゃいましたか？

その日一番忙しいのは、やはり開会式が行なわれた国立競技場だからということで、私も開会式に出席していました。幸運なことに、実際はというと、仕事の指令は全くなかったんです。ですから、開会式はゆっくりと見ることができました。

それも、結構前の方の良い席だったんです。各国の選手団が入場してきて、最後に目の前を日の丸の選手団が通過した時には、まさに「感動」そのものでした。それから日本選手団主将を務めた小野喬さんの選手宣誓の後に、平和の象徴として鳩が一斉に放たれ、ブルーインパルスが青空に五輪のマークを描いたんです。あの光景は今も鮮明に覚えています。周りに座っていた海外の方たちも驚いたんでしょうね、みんな総立ちで拍手を送っていました。その時、「ああ、日本人に生まれて良かった」と心の底から思いました。「こんなすごいことを、僕たちがやっているんだ」と思うと、とても誇らしい気持ちになりました。あの感動は、他では決して味わえない、オリンピック独特のものがありましたね。

――開幕後は、どんなお仕事をされていたんですか？

実は、開幕前とは違って、競技が始まると、決まった仕事場がなかった私は、あまり忙しくはなかったんです。それでも、「一番忙しいところに」ということでしたから、各競技の決勝の場にいることが多くて、とても幸運に恵まれましたよね。

――印象に残った試合はありましたか？

ひとつは、ボクシングですね。ヘビー級のジョー・フレージャー（アメリカ）とハンス・フベル（ドイツ）との決勝は、迫力がありましたね。結構体格差があって、フベルの方が大きかったんです。リーチの長さも、圧倒的にフベルの方があって、同時にパンチを出すと、フレージャーの方は相手に届いていませんでした。しかも、その時フレージャーは親指を骨折していたんです。それでも、フレージャーのパンチの威力はすごくて、彼がパンチを出すと、空気がビュンと揺れるのを感じました。結局、フレージャーが判定でフベルを下し、金メダルを獲得しました。それから陸上競技の男子100m走決勝も目の前で見ました。当時の世界新記録10.0秒を出して金メダルを獲得したボブ・ヘイズ（アメリカ）は、独特な走りでしたね。とてもスムーズな走りではなくて、「こんな走り方で？」と思いましたが、それでも圧倒的な速さでしたよね。やはり迫力がありました。でも、やっぱり一番の思い出と言えば、女子体操のベラ・チャスラフスカ（旧チェコスロバキア）でしたね。

――彼女は東京オリンピックで最も日本人から愛された海外選手の一人だったのではないでしょうか。

本当にそうでしたね。実は、彼女が来日したら話をしたいと思って、「何語なら通じるんだろう？」と一生懸命考えて、「ドイツ語なら話せるかもしれない」と、開幕前のひと夏ドイツ語を勉強したんです。

――チャスラフスカと話したいためにですか？

はい、彼女と話すためだけにです（笑）。それで、当時は会話のためのテキストなんてないですから、分厚いドイツ語の資本論を買いまして、必死になって読みました。

――チャスラフスカにはお会いできたんですか？

選手村に行った時に探したら、トレーニングパンツ姿の彼女を見つけることができたんです。当時、選手村にはディスコのような、ちょっとしたダンススペースが設けられていましたので、チャスラフスカに思い切って勉強したドイツ語で必死になって話しかけました。「一緒に踊ってくれませんか」と。そしたら「いいわよ」と言ってくれて、少しだけ一緒に踊ってもらいました。それで最後に握手してくれたのですが、体操選手なのでゴツゴツしていると思ったら、意外に柔らかくて驚きました。

――その時の感触は未だに残っているんでしょうか（笑）？

はい、はっきりと残っています。当時、しばらくは手を洗いませんでしたからね（笑）。現役引退後はチェコスロバキア大統領補佐官兼顧問（現：チェコ共和国）や国際オリンピック委員会の委員を務められましたが、当時はとにかく「可愛いお嬢さん」という感じでした。

秘密経路で間に合った水泳800mリレー銅メダルの瞬間

――島田さんは、特に水泳が好きでご自身でも泳がれていると伺ったのですが、水泳会場での思い出は何かありますか？

とっておきのがありますよ（笑）。水泳で日本が唯一メダルを獲得した800mリレーです。

――そのレースは、水泳の最終日にして最終種目でしたね。

そうなんです。「水泳ニッポン」ということで大きな期待を寄せられながら、それまで日本は一つもメダルを取ることができていなかったんです。しかし、最後の800mリレーには希望の光があるということで、当日私はほかの競技会場に詰めていたのですが、どうしても見たかったので急いで水泳会場に駆けつけたんです。ところが、最終日の最終種目で、国民の注目が集まっていたレースでしたから、会場も超満員で、全く入ることができなかったんです。それで、報道陣の腕章をちょっとお借りしまして、警備員にその腕章を見せましたら、すんなりと会場に入ることができました。でも、プールサイドへのドアは全て閉まっていて、入ることができなかったんです。

――もう、諦めるしかなかったと。

いえいえ、諦めきれませんでしたから、何かいい方法はないものかと周りを見たら、マンホールが目に入ったんです。それを開けて見ると、下につながる階段があって、しかもなぜかライトがついていたんです。それで思い切ってマンホールの下に降りてみたら、そこはプールの真下のようで、観客席からの声が聞こえてきました。そのまま真っ直ぐ進んで行くと、行き止まりになった所に、上につながっている鉄格子の階段があったので上って、「えいやー」とばかりに地面に出てみたら、なんとたどり着いた先は、ロイヤル席でした。プールの方を見たら、既に最終泳者が泳いでいるところで、日本は岡部幸明選手が残り100mを切ったあたりでした。スタンドはもう総立ちでしたね。それでもう興奮してしまって、一目散にプールサイドまで階段を駆け下りて行ったんです。そしたら、誰かが「止まりなさい！」って私を追いかけてくるもんだから、そのままプールサイドを岡部選手と並走するかたちでゴールの方に向かって走りました。「岡部、頑張れ！」と叫びながら走りましたよ。「もうこれで捕まってもいい」とさえ思うくらいに感動していたんです。

――結局、警備員に取り押さえられはしなかったんですか？

あの時は、日本チームの銅メダルに会場中が興奮の嵐で、もう大変な騒ぎになっていて、警

競泳男子800mリレーで銅メダルを獲得しチームメイトと喜ぶ最終泳者岡部

備ができないくらいにゴチャゴチャの状態だったんです。ですから、私も捕まえられませんでした。そのどさくさに紛れて、団長付の席にすっと入り込んで、何もなかったかのように席に座っていました（笑）。

——それは忘れられない思い出ですね（笑）。

私の家には、オリンピック期間中、選手のご家族がホームステイをしていたんです。それでその日は、そのご家族とのちょっとしたパーティーが開かれていたのですが、私がいつまでたっても帰ってこないので、兄弟が「晴雄は、どうしたんだろう？」って母に聞いたらしいですね。そしたら、母は「晴雄は今日は遅いよ。だって、ほら、あそこを走っているじゃない」と、テレビ画面に映ったプールサイドを走る私を指差したそうなんですよ（笑）。

レガシーは「モノ」ではなく「心」

――閉会式後は、どんな役割を務められたのでしょうか？

帰国する選手団を、選手村から羽田空港までお見送りするという役割がありました。もう次から次へと選手団をお見送りした中で、特に印象深かったのがドイツとフランスでした。ドイツの選手団は例えば「11時10分に迎えのバスが来ます」と言うと、その時間に整然と待っていて、次から次へと乗り込むんです。そして、いざお別れとなった時に、全員で『私がまた帰ってくる日まで』というドイツの歌を合唱し始めたんです。そのシーンはとても印象深く残っています。そして、空港でもスムーズに飛行機に乗り込んで、誰にも迷惑をかけずに去って行ったのがドイツの選手団でした。「さすが、ドイツ人だなぁ」と感心しましたね。一方、そのドイツと正反対だったのが、フランスの選手団でした。バスに乗り込む際もバラバラで、なかなかことが進まないんです。ようやく全員乗り込んだかと思って人数を数えたら、30人いるはずが25人しかいないとかね（笑）。しかも、選手団の責任者も「オレの知ったことか」みたいな態度でいるんですよ。「本当に自由な人たちなんだなぁ」と思いましたよ。結局、空港へは選手村を30分ほど遅れての出発となりました。この2カ国がいい例で、それぞれお国柄がとてもはっきり出ていて、面白かったですね。

――違う国の選手同士が交流するシーンもあったのでしょうか?

ありましたね。選手同士で流行っていたのは、お互いの国のピンバッチを交換することで、その姿はよく見られました。それがオリンピックでは慣習化されていたみたいですね。私も選手からいただいたものが60個ほどありました。

――島田さんにとって、学生時代にオリンピックを経験したことは、今でも大きな財産となっていると思いますが、2020年東京オリンピック・パラリンピックでは、若い世代にどんなことを経験してもらいたいと思っていますか?

時代が全く違いますからね。当時のように、日本はもう途上国ではなく、先進国を通り過ぎて、今や成熟国となっています。そういう中で若い世代は、国際社会の中で海外の人と一緒にやっていかなければいけません。また、日本の人口は当時は増加していましたが、今は逆に減少に歯止めがかからない状況です。ということは、マーケットがどんどん縮小してきているんです。ですから、企業はこぞって海外に出ていかなければいけなくなった。そういう厳しい時代の中において、２０２０年東京オリンピック・パラリンピックが開催されるわけですから、本当の意味で世界と一緒にやっていくという姿勢を示すことが必要になってくると思います。それを担うのは、これからの若い人たちだと思います。そして、我々の世代がアレンジをして、若い世代に体験してもらえるようにしなければいけません。２０２０年東京オリンピック・パラリンピックは、そのいいチャンスととらえられると思います。

――今の日本でオリンピック・パラリンピックが開催される意義というのは、どこにあるでしょうか？

２０２０年東京オリンピック・パラリンピックの開催が決定して以降、競技会場をどうするかということが問題となっていますが、私に言わせれば、そんなものはどうってことないんです。本当のレガシーというのは、「モノ」ではなく「心」。それ以外は必要ありません。１９６４年の時代よりも、今の時代の方が、オリンピック・パラリンピックから学ぶべきことはたくさんあると思います。ひとつは、競技に対する姿勢です。特に、言ったことを「言っていない」などと平気で嘘をつくような政治家や企業のトップには、ぜひ選手たちから学んでほしいと思います。選手たちは相手よりも強くなりたいと、非常に大変な思いをしながら努力をして、戦う準備をするわけです。そうして、本番ではルールに基づいてフェアプレーの精神の

島田晴雄氏

もとに本気でぶつかっていく。そして試合が終われば、あれこれと言い訳をせず、勝ち負けを認め、そして握手をして相手の健闘を称え合いますよね。これがスポーツのいいところです。オリンピック・パラリンピックでは、そうした本気になって努力することの素晴らしさと、フェアプレーの精神を学んでほしいと思います。もうひとつは、異文化交流です。２０２０年には相当な数の外国人がどっと日本に押し寄せてくるはずですから、ぜひそういう人たちとの交流を楽しんでほしいなと思います。

島田晴雄氏 略歴

	オリンピック関連・世相	島田氏略歴
1940 昭和15	第二次世界大戦でオリンピック中止	
1943 昭和18		島田晴雄氏、東京都に生まれる
1944 昭和19	第二次世界大戦でオリンピック中止	
1945 昭和20	第二次世界大戦が終戦	
1947 昭和22	日本国憲法施行	
1948 昭和23	夏季：ロンドンオリンピック開催 冬季：サンモリッツオリンピック開催	
1950 昭和25	朝鮮戦争が勃発	
1951 昭和26	日米安全保障条約を締結	
1952 昭和27	夏季：ヘルシンキオリンピック／冬季：オスロオリンピック開催	
1955 昭和30	日本の高度経済成長の開始	
1956 昭和31	夏季：メルボルンオリンピック開催 冬季：コルチナ・ダンペッツォオリンピック開催	
1959 昭和34	１９６４年東京オリンピック開催決定	
1960 昭和35	夏季：ローマオリンピック開催／冬季：スコーバレーオリンピック開催 ローマで第９回国際ストーク・マンデビル競技大会が開催	
1964 昭和39	夏季：東京オリンピック・パラリンピック開催 冬季：インスブルックオリンピック開催 東海道新幹線が開業	東京オリンピック・パラリンピックにて通訳（上級通訳）を担当。１０００人採用された学生通訳のうち、最も優秀な10人の１人に選ばれ、報道関係や大会開会式などで通訳を行う
1967 昭和42		島田晴雄氏、慶應義塾大学大学院経済学研究科博士課程修了
1968 昭和43	夏季：メキシコオリンピック／テルアビブパラリンピック開催 冬季：グルノーブルオリンピック開催	

1969 昭和44	日本陸上競技連盟の青木半治理事長が、日本体育協会の専務理事、日本オリンピック委員会（JOC）の委員長に就任 アポロ11号が人類初の月面有人着陸	
1972 昭和47	夏季：ミュンヘンオリンピック／ハイデルベルクパラリンピック開催 冬季：札幌オリンピック開催	
1973 昭和48	オイルショックが始まる	
1974 昭和49		ウィスコンシン大学（アメリカ）博士課程修了
1976 昭和51	夏季：モントリオールオリンピック／トロントパラリンピック開催 冬季：インスブルックオリンピック開催 ロッキード事件が表面化	
1978 昭和53	8カ国陸上（アメリカ・ソ連・西ドイツ・イギリス・フランス・イタリア・ポーランド・日本）開催 日中平和友好条約を調印	経済企画庁経済研究所客員主任研究官に就任
1980 昭和55	夏季：モスクワオリンピック開催（日本はボイコット） 夏季：アーネムパラリンピック開催 冬季：レークプラシッドオリンピック／ヤイロパラリンピック開催 冬季パラ大会への日本人初参加	
1982 昭和57	東北、上越新幹線が開業	
1984 昭和59	夏季：ロサンゼルスオリンピック開催 夏季：ニューヨーク、ストーク・マンデビルパラリンピック開催 冬季：サラエボオリンピック／インスブルックパラリンピック開催	
1986 昭和61		マサチューセッツ工科大学訪問教授に就任
1988 昭和63	夏季：ソウルオリンピック・パラリンピック開催 冬季：カルガリーオリンピック／インスブルックパラリンピック開催	
1992 平成4	夏季：バルセロナオリンピック・パラリンピック開催 冬季：アルベールビルオリンピック開催 冬季：ティーニュ、アルベールビルパラリンピック開催	

1993 平成5		政府税制調査会委員特別委員に就任
1994 平成6	冬季：リレハンメルオリンピック・パラリンピック開催	
1995 平成7	阪神・淡路大震災が発生	財政制度等審議会委員臨時委員に就任
1996 平成8	夏季：アトランタオリンピック・パラリンピック開催	
1997 平成9	香港が中国に返還される	
1998 平成10	冬季：長野オリンピック・パラリンピック開催	
2000 平成12	夏季：シドニーオリンピック・パラリンピック開催	
2001 平成13		内閣府特命顧問に就任
2002 平成14	冬季：ソルトレークシティオリンピック・パラリンピック開催	
2004 平成16	夏季：アテネオリンピック・パラリンピック開催	
2006 平成18	冬季：トリノオリンピック・パラリンピック開催	
2007 平成19	第1回東京マラソン開催	
2008 平成20	夏季：北京オリンピック・パラリンピック開催 リーマンショックが起こる	
2010 平成22	冬季：バンクーバーオリンピック・パラリンピック開催	
2011 平成23	東日本大震災が発生	
2012 平成24	夏季：ロンドンオリンピック・パラリンピック開催 2020年東京オリンピック・パラリンピック開催決定	
2014 平成26	冬季：ソチオリンピック・パラリンピック開催	日本フィルハーモニー交響楽団会長・理事に就任
2016 平成28	夏季：リオデジャネイロオリンピック・パラリンピック開催	
2017 平成29		公立大学法人首都大学東京理事長に就任 日本フィルハーモニー交響楽団名誉顧問に就任
2018 平成30	冬季：平昌オリンピック・パラリンピック開催	

第5章

間近で見た「オリンピック・ムーヴメント」

星野綾子

Hoshino Ayako

日本が戦後初めて参加した1952年ヘルシンキオリンピック。72人の日本代表選手の中には、10代の若手が22人がいました。その中の一人が、陸上競技代表の星野(旧姓・吉川)綾子氏でした。そのヘルシンキから12年後の1964年東京オリンピックでは、コンパニオンとして国立競技場で接待係を務めました。当時は国立競技場のすぐ近くに自宅があり、窓を開けると、赤々と燃える聖火が見えたと言います。まさに「ど真ん中」で東京オリンピックを迎えた星野氏にお話をうかがいました。

星野綾子(ほしの・あやこ)1933年生まれ。元陸上選手。1951年アジア大会(ニューデリー)の4×100mリレーで金メダル、走り幅跳びで銀メダルを獲得。1952年ヘルシンキオリンピックに出場した。ヘルシンキ大会出場経験を活かして、1964年東京オリンピックではコンパニオンを務めた。ヘルシンキ大会後から、母校・芦屋女子高校教員と産経新聞記者の二足のわらじで活躍した。

聞き手／佐塚元章氏　文／斉藤寿子　構成・写真／フォート・キシモト
取材日／2017年10月16日

日本戦後初のオリンピックに出場

――星野さんは本格的に陸上競技を始めた高校時代から、日本人として初のオリンピック金メダリストである織田幹雄さんに師事していました。どのようないきさつで、織田さんの指導を受けるようになったのでしょうか？

　私は兵庫県の芦屋女子高等中学校から高校に進学したのですが、陸上部はあったものの、練習環境には恵まれていませんでした。高校は山の中腹にあり、とてもグラウンドが狭かったんです。当時はソフトボール部が全国優勝するほど強くて盛んだったのですが、ソフトボール部が練習している周りをいろんな運動部が所狭しに練習しているような中、「ちょっと、どいてー」と言いながら走っているような状態でした（笑）。ですから、自校のグラウンドだけではなく、兵庫県の甲南大学や京都大学などでも練習をさせてもらっていました。そんな中、後に同じヘルシンキオリンピックの三段跳びに出場された長谷川敬三さんが、大学で練習している私を見て、同じ朝日新聞社の記者だった織田幹雄さんに連絡をしてくださったんです。それが縁で、私の練習メニューを織田さんが作ってくださるようになりました。それを私が長谷川さんからいただいて練習していたんです。その練習の成果を、長谷川さんが織田さんに伝えてくださって、月に一度、週末に汽車で13時間かけて東京の織田さんのところに行って練習をし、日曜の

奈良県橿原で開催されたインカレの
100mスタート前（1951年）

芦屋女子高等学校時代、国体に出場した
仲間と（後列中央、前列は野田先生）

夜行で戻って、そのまま学校に行くということをしていました。

――織田さんの指導もあって、星野さんは１９５２年ヘルシンキオリンピックに、陸上競技の日本代表で出場しました。日本としては、久方ぶりのオリンピックの参加ということで、注目された大会だったと思います。

戦後、初めて開催された１９４８年ロンドンオリンピックには、第二次世界大戦の責任を問われた日本とドイツは招待されませんでした。ですから、ヘルシンキオリンピックが日本としては戦後初のオリンピックということで、国内でもクローズアップされた記憶があります。

――日本全体が湧いていたと思いますが、選手としてはどんなお気持ちだったのでしょうか？

陸上競技で女子は、戦前、戦後にわたって日本選手権で20回も優勝した伝説の選手として知られている円盤投げの吉野トヨ子さん、私のふたつ上のお姉さん的存在だった80mハードルの宮下美代さん、そして私の3人しか代表選手に選ばれませんでした。ですから、とても誇りに思いましたし、私は陸上代表の中で最年少の19歳だったのですが、少女時代の夢が本当に叶ったんだと思うと、胸の高鳴りを抑えることができませんでした。

――日本からは72人の選手団が送られました。ヘルシンキには、どのようにして向かわれたのでしょうか？

ほかの競技とは別に、陸上競技の選手団だけに用意されたプロペラ機で、羽田空港から旅立ちました。ユニフォームは、現在のように開会式での入場行進用と普段着用というふうには分かれていなくて、1着しかありませんでしたから、入場行進の時と同じ、男子は明るい紺のブレザーにグレーのズボン、私たち女子は同じ紺のブレザーにグレーのスカートという服装で、飛行機に乗り込みました。沖縄を経由して途中4カ国【バンコク（タイ）、カラチ（パキスタン）、バスラ（イラク）、ローマ（イタリア）】で給油をし、50時間の空の旅でした。

――当時は、報道陣も同じ飛行機だったそうですね。当時の記者の方にうかがうと、「まるで選手団の一員だった」と。

そうでしたね。飛行機に乗る選手団のリストには、どこどこ新聞社のだれだれ、というふうに、報道陣の名前も書かれてありましたので、私たち選手と一緒に行動していたんだと思います。

――開幕までは、どのように過ごされていたんですか？

スウェーデンの首都ストックホルムで、陸上と水泳は同じホテルに2週間滞在し、そこで最終調整ということで練習をしました。ストックホルムのオリンピックスタジアムでは記録会というかたちで競技をし、いよいよ本番ということで、ヘルシンキに乗り込んだんです。

衝撃を受けた世界の成長スピード

――星野さんは、１００ｍと走り幅跳びに出場されました。初出場ということで、緊張はしませんでしたか？

よく「オリンピックには魔物がいる」と言われますが、いつも以上に緊張してしまって実力

ヘルシンキオリンピックの100mに出場（右から二人目、1952年）

を出せない選手がいますよね。それで、ヘルシンキオリンピックの時には、ヘッドコーチの織田先生が「観客席を見て、人の顔がわかるようだったら、緊張していない証拠だから大丈夫」とおっしゃったんです。実際、フィールドに立った時に観客席を見たら、遠くではありましたけど、ボート代表の日本人選手たちが最前列で日の丸の小旗を振ってくれているのが見えたんです。それで「よし、私は緊張していないから大丈夫」と思うことができました。

——100mでは、前年の第6回広島国民体育大会で、1928年アムステルダムオリンピックで日本人女子初のメダリスト（800mで銀メダル）となった人見絹枝さんの記録を23年ぶりに破る、12.0秒の日本新記録を樹立されていました。ですから、国民からの期待も非常に大きかったと思いますが。

当時は今のような電気計時の計測システムはありませんでしたので、手動式での計測だったのですが、実はもう一人の計測では「11.9秒」と出ていたそうなんです。今では日本人男子が「10.0秒」の壁を破るのに注目されているのと同じように、もし「11.9秒」が正式記録でしたら、「日本人女子初の11秒台」ということで、もっと喜んだんでしょうけど、当時の記録としては「12.0秒」でした。それでも長い間、人見さんの12.2秒が破られていなかっただけに、やっぱり嬉しかったですね。

――走り幅跳びの方も、好記録を出されていたんですよね。

ヘルシンキの4年前のロンドンオリンピックでは、5m69cmが金メダリストの記録でした。私は、当時5m78cmが自己ベストでしたので、国内ではメダル争いに入れるんじゃないかというふうに言われていたんです。私自身も「オリンピックで絶対に活躍する」と胸に誓って、ヘルシンキに乗り込んだんです。どちらかというと、100mよりも走り幅跳びの方が期待されていましたので、私も走り幅跳びが本番だと思っていました。100mは、その本番のために、会場の雰囲気に慣れるという感じでしたね。でも、思っていたような活躍はできませんでした。

ヘルシンキオリンピックで、走幅跳に出場した時（1952年）

１００ｍは12秒６で予選落ち。走り幅跳びは予選は一発でクリアしましたが、決勝では５ｍ54㎝で16位に終わりました。今思うと、参加しただけの大会になってしまったなぁ、という気がしています。

――日本は16年もの間、オリンピックに参加することができませんでした。選手にとっても、その16年というブランクは、相当な影響を受けていたんですね。

そうだったと思います。国際大会の経験と言えば、ヘルシンキオリンピックの前年３月にニューデリー（インド）で行なわれた第１回アジア大会の一度きりだったんです。ですから、アジア以外の欧米の選手たちがどのくらいのレベルでいるのか、世界の実情というものを全く知りませんでした。日本で自分自身が出した記録が、そのまま世界で通用すると思い込んでいたんです。ところが、実際は自分が思っていたよりも、世界ははるか遠くにあることがヘルシンキに行って初めてわかりました。走り幅跳びでは、金メダリストは６ｍ24㎝を記録して、しかも９位の選手までが当時のオリンピック新記録でした。実は、私も決勝では２回目の跳躍の時に、自分でも驚くほど助走でスピードに乗ることができて、５ｍ80㎝近くまで跳んだんです。すぐにもう大喜びして、後ろを振り返ったら、ファウルを意味する赤旗が振られていました。それ踏み切り板を確認しましたら、本当にわずかにスパイクの先が１㎝ほど出ていたんです。それで「次こそは」と思って臨んだ最後の3回目の跳躍では、ちょうど向かい風が吹いていました。途中でやめて、助走をし直せば良かったのですが、そのまま行ってしまって、そしたらやっぱり最後の踏み切りの足が合わなくて、全くダメでした。「もし2回目の跳躍がファウルでなかったとしたら」あるいは「3回目の助走をやり直していたら」と思うと、今でも悔しいですね。ただ、それでも入賞できたかどうかギリギリのところだったんです。それほど、ロンドンオリンピックからの4年間でいかに世界がレベルアップしていたかということだったんですね。あまりにも世界のレベルが高すぎて、「ここまで進んでいるのか」と、もうびっくりしました。私たち日本人は「井の中の蛙」だったんです。

——ただ、そのヘルシンキ以降、日本人女子はオリンピックで100mに出場することさえできませんでした。2008年北京オリンピックで福島千里選手が56年ぶりに出場した時は、大きな話題となりましたが、それほど100mに出場するということは難しい。そう考えれば、あの時代に星野さんが出場したというのは、本当にすごいことだったのではないでしょうか。

ありがとうございます。そう言っていただけると嬉しいですね。福島さんが北京に出場した時は、ヘルシンキ以来ということで、私にも少しスポットが当たりましたが、私自身も本当に嬉しかったです。

――ヘルシンキでの一番の思い出は何ですか？

高校野球で球児たちが甲子園の土を持って帰るように、私も走り幅跳びの砂場の砂を日本に持って帰ろうとしたんです。ところが、帰りに寄ったイタリアで、バッグごと盗まれてしまいました。もし、持って帰ってきていたら、今ごろは一番の記念の品になっていたと思うのですが……。

――19歳という若さでオリンピックを経験したわけですが、今振り返ると、世界最高峰の舞台はどう映りましたか？

今思えば、私が本格的に陸上競技をやったのは、高校3年間と短大の2年間で、わずか5年間でしかないんです。その間に、第1回アジア大会に出場し、翌年にはオリンピックにも出場することができたというのは、周囲の環境が本当に恵まれていたからだったと思います。でも、オリンピックではまざまざと「世界」というものをつきつけられた気がしました。国内で少しばかりいい記録を出して喜んでいましたが、世界の成長スピードは非常に速くて、オリンピックに出るための私の努力は全く足りていませんでした。体力面においても、技術面においても、全ての面で劣っていたんです。

ロサンゼルス大会三段跳で日本人連続の金メダルに輝いた南部忠平（1932年）

アムステルダム大会三段跳で日本人初の金メダルに輝いた織田幹雄（1928年）

ヘルシンキ後に襲った突然の「燃え尽き症候群」

――ヘルシンキオリンピック後は、どうされたんですか？

周囲からは「4年後のメルボルンオリンピックでは」というふうに、期待されていました。確かに、それはそうだったと思います。当時はまだ19歳でしたし、戦前の日本人メダリスト、例えば日本人初の金メダリスト織田幹雄さん（1928年アムステルダムオリンピック、男子三段跳び金メダル）、南部忠平さん（1932年ロサンゼルスオリンピック、男子三段跳び金メダル・男子走り幅跳び銅メダル）、田島直人さん（1936年ベルリンオリンピック、男子

ベルリン大会三段跳で日本人3連覇を果たした田島直人（1936年）

三段跳び金メダル・男子走り幅跳び銅メダル）といった方たちも、初出場のオリンピックではメダルを取れず、二度目のオリンピックで金メダルに輝いているんです。ですから、私に対しても周囲は、二度目のメルボルンオリンピックでは成果を挙げてくれるだろうと、両親や指導してくださっていた織田先生をはじめ、みなさん期待してくれていました。ところが、私自身は今で言う「燃え尽き症候群」のようになってしまって、競技を続ける意味がわからなくなってしまったんです。普通は、スタートラインに着くと、ほんの少しの高揚と緊張感が出てくるものなのですが、ヘルシンキオリンピック後は、そういう気持ちが湧いてこなくて、単に「あのゴールテープを切ればいいんだな」というような、冷めた気持ちしか出てこなくなってしまいました。その理由は、未だに自分でもよくわかりません。

――オリンピックに出場して「やり切った」という気持ちが、一部にはあったのでしょうか？

いいえ、ヘルシンキオリンピックでの自分には、全く納得していませんでした。ですから、「メルボルンでは今度こそ」と思っても良かったと思うのですが、なぜかそういう気持ちが湧いてこなくて、陸上競技に対する気持ちが薄らいでいってしまったんです。そういうタイミングで、主人が現れたというんでしょうか（笑）、競技からは引退をして結婚しました。

――そういう選手の気持ちというのは、私たちには計り知れないものがあるんでしょうね。

陸上というのは、本当に孤独な競技なんです。特に当時は、今とは違ってさまざまなトレーニング器具はありませんから、毎日毎日、ひたすら走り、ひたすら跳ぶだけ。もう、自分との戦いなんですね。正直に言えば、練習は楽しくはありません。ですから、本当に陸上競技が好きでなければできないと思います。そういう孤独な戦いに、疲れてしまったという面もあったかもしれませんね。

——ご家族は残念がっていらっしゃったのではないでしょうか？

そうですね。両親も期待してくれていましたからね。私は5人兄弟の末っ子なのですが、すぐ上の姉が私以上に足が速くて、「弾丸」という異名で呼ばれていたほどだったんです。でも、彼女がピークの時に時代は戦時中でオリンピックどころではありませんでしたから、姉にはそういうチャンスが巡ってこなかったんです。私と同じ時代に生まれていれば、私以上の素質がありましたから、きっとオリンピックに出場していたと思います。そんな姉の分も、という気持ちが家族にはあったと思いますので、私にとても期待していたと思います。

——お父さまが特製のカンガルーの皮で作ったスパイクを星野さんに贈られたということからも、どれだけ応援していたかがわかりますね。

カンガルーの皮は軽くて柔らかいので、足にフィットするんです。それを父が東京にいる靴職人の名人に注文してくれました。実は、私は幼少時代は体が弱くて、私が陸上をやることに、最初両親は反対していたんです。それを織田先生がわざわざ自宅まで来てくださって、陸上の素晴らしさを説明してくださったんです。それで両親は許可してくれたのですが、それからは二人そろって、私の一番のファンになって応援してくれました。それこそ全国津々浦々、北海道から鹿児島まで、全ての競技会に来てくれました。

東京オリンピックで始まった「コンパニオン」

――結婚を機に、大阪から東京に引っ越されたわけですが、陸上競技とのつながりというのはあったのでしょうか？

いいえ、全くありませんでした。というのも、東京には東京の陸上競技界の「縦割り社会」がありましたので、関西から急に来た私が入れるような組織はなかったんです。ですから、陸上競技とは無縁の生活を送っていました。

――そんな中、ヘルシンキから12年後の１９６４年、アジア初開催となった東京オリンピックではコンパニオンを務められました。これは、どういういきさつからだったのでしょうか？

「メイン会場である国立競技場での接待係とメダルセレモニーの時のホステス係が必要だ」ということで、陸上競技関係者から選ぼうということになったみたいですね。それで、ロサンゼルスオリンピック金メダリストの田島さんの夫人（旧姓・土倉麻、１９３２年ロサンゼルスオリンピック陸上１００ｍ女子日本代表）とお嬢さん、安川第五郎東京オリンピック組織委員会会長のお孫さん、それから各都道府県の陸上競技連盟の会長さんのお嬢さんなどから推薦され、私もその一人として選ばれました。招集がかかったのは、開幕1年前、1963年の9月でした。

――「東京オリンピックのコンパニオン」と言えば、やはり思い出されるのが、後にプロ野球・読売巨人軍の大スター長嶋茂雄さんの奥様になられる旧姓・西村亜希子さんですが、同じ「コンパニオン」でも、星野さんは「国立競技場専任」ということだったんですね。

1964年6月にコンパニオンの公募がありまして、それこそ「才色兼備」ということで、長嶋茂雄さんの奥様や、池田勇人首相（当時）の二人のお嬢様が選ばれました。その方たちは、国際オリンピック委員会（IOC）の委員などVIPの方たちに付かれていたようで、日給1万円だったとうかがっています。私たちは、国立競技場での接待やメダルセレモニーでのお手伝いということで、陸上関係者の中でお声がかかったというかたちでして、交通費とお弁当は出ましたが、ボランティアでした。

――当時は「コンパニオン」とは呼ばれていなかったのでしょうか？

開幕1年前にお声がかかった時には、「コンパニオン」という言葉は、日本では使われていませんでした。それで、どういう名称にしようかということで、東京オリンピック組織委員会総務局国際部部長の北沢清さんが、辞書などでいろいろと調べたところ、「貴婦人の接待役」という意味で使われている「companion（コンパニオン）」という言葉を見つけられたのです。その提案に私たちが賛同し、それで「コンパニオン」という言葉が日本で使用されるようになったんです。今では、いろいろと広い意味で「コンパニオン」という言葉が使用されていて、私たちからすれば、あまり気持ちの良くない使われ方をする時もあります。でも、本来「コンパニオン」は東京オリンピックを支えた人たちに使われていた大事な言葉。それをむやみに使用してほしくないなと思いますし、逆に言えば、２０２０年東京オリンピックでコンパニオンを務める人たちには、より誇りを持ってお仕事をしていただきたいと思っています。

笑顔と誠意を心がけた「おもてなし」

――コンパニオンとしての初めてのお仕事はどういうものだったのでしょうか？

開幕1年前に行なわれたプレオリンピックが、私たちにとっては「リハーサル」のようなものでした。当時はまだコンパニオンのユニフォームであるブレザーコートがありませんでしたから、パーティーなどでは着物で接待をしました。

和服を着て勢ぞろいしたコンパニオン（右から6人目、1964年）

——当時、テレビではよくVIPの方たちの隣に和服姿の女性がいらっしゃるのが映し出されていた記憶があります。

和服姿のコンパニオンは、私たち国立競技場のコンパニオンだったと思います。当時私が住んでいたのは東京都の北青山で、国立競技場からも徒歩で10分くらいのところでした。家の塀を超えると、秩父宮ラグビー場があって、明治神宮球場があって、その先に国立競技場があるという感じだったんです。ですから、家の裏の窓を開けると、国立競技場の聖火が見えていたんです。そんな便利なところに住んでいたものですから、皆さん、コンパニオンの方たちは、私の家で着替えをしたりしていました。

――子育てとコンパニオンのお仕事との両立は、大変だったのではないですか？

息子が８歳と６歳でしたから、子育て真っ盛りの時でした。今思うと、当時私はどうやって両立させていたんだろうなぁと思うのですが、私の両親が大阪から来てくれていましたし、家政婦さんに子どもたちの面倒を見てもらって、なんとかやっていたのだと思います。

――開幕してからのコンパニオンとしてのお仕事は、どのようなものだったのでしょうか？

国立競技場に来られたＶＩＰの方たちをスタンドの席にご案内をして、プログラムを見ながら「今、あなたの国の選手は、どの種目に出場していますよ」というような簡単な説明をしました。あまり英語が得意ではありませんでしたから、それこそ身振り手振りで（笑）。それから、メダルセレモニーの時に、プレゼンターにメダルを渡す係をしました。競技場内にはラウンジもありましたので、そこではお酒を作ったりすることもありました。当時の日本陸上競技連盟会長だった青木半治さんの奥様が、お手製のちらし寿司を持ってこられたりしていましたが、私も来ていただいた方に少しでも気持ちよく過ごしていただこうと、競技場内のお手洗いに一輪の花を飾ったりもしていましたね。

――２０２０年東京オリンピック・パラリンピックでは「おもてなし」が言われますが、星野さんたちはまさに心のこもった「おもてなし」をされていたんですね。

そうですね。その日を気持ちよく過ごしていただけるように、どんな時も笑顔で、誠意をこめて接しようということは心がけていました。

――オリンピック後も、その時のご経験が生かされたそうですね。

東京オリンピックでコンパニオンを務めたことがきっかけで、その後も国立競技場での接待役に、陸連から依頼をいただいて20年させていただきました。また、1991年に行なわれた世界選手権では海部俊樹首相（当時）をロイヤルボックス席にご案内したり、メダルセレモニーの際にはプレゼンターの方々を表彰台まで先導する役を務めさせていただきました。

――東京オリンピックを契機に、何度も国際大会のコンパニオンを務められたわけですが、そのご経験から、コンパニオンに求められているものとは何だと感じられていますか？

一つは、やはり語学だと思います。私自身が身を持って経験しましたが、いくら気持ちがあっても、言葉が通じないと、伝わらないものってあるんですね。ですから、今では当然だと思いますが、2020年東京オリンピック・パラリンピックでコンパニオンをやりたい、という人は、語学を頑張ってほしいなと思いますね。そして、誠意と真心をもって接してほしいと思

日本陸連功労賞を受賞した夫・星野敦志（左）と（2012年）

います。

スター選手の登場に期待したい2020年

――さて、2020年東京オリンピック・パラリンピックまで3年を切りました。1964年をご経験されている星野さんは、どんな思いを抱いていますか？

もうあと3年しかないんですよね。本当に月日が経つのは速いなぁと思います。ただ、1964年東京オリンピックの3年前は、全てにおいてもっと盛り上がっていた記憶があるんです。先ほども申しましたように、当時私の自宅は国立競技場のすぐ近くにありまして、すぐ目の前の青山通りがそれまでの倍以上に拡がったんです。私の長男が小学校低学年だったのですが、あまりにも道幅が広がりすぎて、小学生の足では信号が青中に渡り切れなかったんです。それで「急いで」なんて言ったことを覚えています。毎日、外からは工事の音が聞こえてきて、テニスコートがなくなったり、大きな建物が並んだりして、青山一帯が一変しました。その様子を間近で見ていましたから、オリンピックに向けて、非常に盛り上がっているという雰囲気を感じていました。「いよいよ、日本に、東京に、オリンピックが来る！」というような感じが、あちらこちらで見受けられたんです。ところが、今はそういう機運があまり感じられません。3年後は、本当に盛り上がるのかなぁなんて、心配になってしまいます。

――星野さんご自身は2020年が待ち遠しいですか？

はい、とても楽しみにしています。現在、主人は91歳で、私が84歳なのですが、私たち家族の間では「とにかく2020年東京オリンピック・パラリンピックまでは元気でいよう」というのが合言葉なんです（笑）。おそらく競技場に行くというのは年齢的に無理でしょうから、テレビで見ることになると思いますが、やっぱり臨場感を味わいに競技場で見たいなぁという気持ちはありますすね。

星野綾子氏

――2020年東京オリンピック・パラリンピックに期待することとは何でしょうか？

やっぱり開催国の選手が強くなければ、盛り上がらないと思うんですね。そういう意味では、陸上競技では、日本人で初めて9秒台を記録した桐生祥秀を筆頭に、サニブラウン・アブデル・ハキーム、ケンブリッジ飛鳥、山縣亮太、多田修平と、何人もの選手が彗星のごとく出てきている男子100mは非常に楽しみです。私の周囲でも、普段は全く陸上に興味のない方たちまでが、「9秒台が出たんですよね」なんて話をしているくらいですから、2020年の陸上競技は相当な盛り上がりを見せるでしょうね。ほかの競技でも、彼らのようにスター選手が出てくるといいですよね。いずれにしても、若い人たちには、世界のスター選手の活躍を目に焼き付けてほしいなと思います。

――パラリンピックについてはいかがでしょうか？

２０１２年ロンドンパラリンピックでは、多くの観客が入って、非常に盛り上がったと聞いていますので、東京でも沢山の方に見に行ってもらいたいなぁと思います。ただ、まだ日本ではパラリンピックの競技や選手の知名度は低いですよね。ですから、これからもっともっと知ってもらって、ロンドンのように、たくさんの人が会場に足を運ぶようになってほしいなと思います。

星野綾子氏 略歴

		オリンピック関連・世相	星野氏略歴
1932	昭和7	夏季：ロサンゼルスオリンピック／レークプラシッドオリンピック開催冬季：	
1933	昭和8		星野綾子氏、大阪府に生まれる
1936	昭和11	夏季：ベルリンオリンピック開催 冬季：ガルミッシュ・パルテンキルヘンオリンピック開催	
1940	昭和15	第二次世界大戦でオリンピック中止	
1944	昭和19	第二次世界大戦でオリンピック中止	
1945	昭和20	第二次世界大戦が終戦	
1947	昭和22	日本国憲法が施行	
1948	昭和23	夏季：ロンドンオリンピック／冬季：サンモリッツオリンピック開催	
1950	昭和25	朝鮮戦争が勃発	
1951	昭和26	日米安全保障条約を締結	第1回アジア競技会（ニューデリー）出場。4×100mリレー金メダル、走幅跳で銀メダルを獲得
1952	昭和27	夏季：ヘルシンキオリンピック／冬季：オスロオリンピック開催	ヘルシンキオリンピック出場
1955	昭和30	日本の高度経済成長の開始	
1956	昭和31	夏季：メルボルンオリンピック／冬季：コルチナ・ダンペッツォオリンピック開催	
1959	昭和34	1964年東京オリンピック開催決定	
1960	昭和35	夏季：ローマオリンピック／冬季：スコーバレーオリンピック開催 ローマで第9回国際ストーク・マンデビル競技大会が開催	
1964	昭和39	夏季：東京オリンピック・パラリンピック開催 冬季：インスブルックオリンピック開催 東海道新幹線が開業	東京オリンピック・パラリンピックにてコンパニオンを務める。ヘルシンキ大会に出場した知識と経験を買われ、大会組織委員会競技補助員として、世界各国から訪れた競技関係者の家族をもてなす
1968	昭和43	夏季：メキシコオリンピック／テルアビブパラリンピック開催 冬季：グルノーブルオリンピック開催	

1969　昭和44	日本陸上競技連盟の青木半治理事長が、日本体育協会の専務理事、日本オリンピック委員会（ＪＯＣ）の委員長に就任 アポロ11号が人類初の月面有人着陸	
1972　昭和47	夏季：ミュンヘンオリンピック／ハイデルベルクパラリンピック開催 冬季：札幌オリンピック開催	
1973　昭和48	オイルショックが始まる	
1976　昭和51	夏季：モントリオールオリンピック開催／トロントパラリンピック開催 冬季：インスブルックオリンピック開催 ロッキード事件が表面化	
1978　昭和53	8カ国陸上（アメリカ・ソ連・西ドイツ・イギリス・フランス・イタリア・ポーランド・日本）開催 日中平和友好条約を調印	
1980　昭和55	夏季：モスクワオリンピック開催（日本はボイコット） 夏季：アーネムパラリンピック開催 冬季：レークプラシッドオリンピック／ヤイロパラリンピック開催 冬季パラ大会への日本人初参加	
1982　昭和57	東北、上越新幹線が開業	
1984　昭和59	夏季：ロサンゼルスオリンピック開催 夏季：ニューヨーク、ストーク・マンデビルパラリンピック開催 冬季：サラエボオリンピック／インスブルックパラリンピック開催	
1985　昭和60		トータル・オリンピック・レディス（オリンピック出場女子選手の会）の発足に携わり、幹事、副会長などの役職を歴任
1988　昭和63	夏季：ソウルオリンピック・パラリンピック開催 冬季：カルガリーオリンピック／インスブルックパラリンピック開催	
1991　平成3		世界陸上競技選手権大会（東京）で式典表彰係を担当。メダル・プレゼンターのエスコート係を務める

1992 平成4	夏季：バルセロナオリンピック・パラリンピック開催 冬季：アルベールビルオリンピック開催 冬季：ティーニュ、アルベールビルパラリンピック開催	
1994 平成6	冬季：リレハンメルオリンピック・パラリンピック開催	
1995 平成7	阪神・淡路大震災が発生	
1996 平成8	夏季：アトランタオリンピック・パラリンピック開催	
1997 平成9	香港が中国に返還される	
1998 平成10	冬季：長野オリンピック・パラリンピック開催	
2000 平成12	夏季：シドニーオリンピック・パラリンピック開催	
2002 平成14	冬季：ソルトレークシティオリンピック・パラリンピック開催	
2004 平成16	夏季：アテネオリンピック・パラリンピック開催	
2006 平成18	冬季：トリノオリンピック・パラリンピック開催	
2007 平成19	第1回東京マラソン開催	
2008 平成20	夏季：北京オリンピック・パラリンピック開催 リーマンショックが起こる	
2010 平成22	冬季：バンクーバーオリンピック・パラリンピック開催	
2011 平成23	東日本大震災が発生	
2012 平成24	夏季：ロンドンオリンピック・パラリンピック開催 2020年東京オリンピック・パラリンピック開催決定	
2014 平成26	冬季：ソチオリンピック・パラリンピック開催	
2016 平成28	夏季：リオデジャネイロオリンピック・パラリンピック開催	
2018 平成30	冬季：平昌オリンピック・パラリンピック開催	

第6章

日本のメディアはオリンピックで何を伝えたのか

宮澤正幸

Miyazawa Masayuki

日刊スポーツ新聞運動部記者として、1964年東京オリンピック・パラリンピックの取材に奔走した宮澤正幸氏。87歳の現在も現役記者として活躍され、2020年には二度目の「東京オリンピック・パラリンピック」取材を迎えます。1964年当時、日本のメディアは何を伝えたのか、そして宮澤氏が見た舞台裏にはどんな真実があったのか。宮澤氏にお話をうかがいました。

宮澤正幸(みやざわ・まさゆき)1930年生まれ。スポーツ記者。1954年日刊スポーツ社運動部記者として入社し、レスリング、柔道、相撲、体操を主に担当。1964年に東京オリンピック・パラリンピックを取材し、その後、1988年ソウル大会、1992年バルセロナ大会、1996年アトランタ大会、2004年アテネ大会も担当した。1967〜74年拓殖大学レスリング部監督も務めた。著作に「昭和のスポーツ列伝」「『オリンポスの果実』の真実」ほか多数。

聞き手／佐塚元章氏　　文／斉藤寿子　　構成・写真／フォート・キシモト
取材日／2017年10月31日

学生時代に抱いた記者への憧れ

――学生時代はレスリング部で活躍されていた宮澤さんが、新聞記者になろうと思ったきっかけは何だったのでしょうか？

　私がレスリング部に入ったのは、旧5年制時代の拓殖大学2年生になる頃でした。それまでレスリング部の練習を見たことはありましたが、自分自身がやったことはなかった。ところが、レスリング部の先輩から誘われたんです。その当時、レスリングの試合会場は東京の神宮外苑にありました。まだ東京ボウリング場ができる前で、現在の秩父宮ラグビー場の隣に位置する場所には、「青山レスリング会館」という小さな建物があったんです。その会館を、戦時中に壊れた屋根を修復して使用していたのですが、そこで学生の大会も、全日本選手権も行なわれていました。大会でそこに行きますと、新聞社の記者たちが机を並べて取材をしているんですね。よく見ると、みんな胸には金色のペンの形のバッジを付けていまして、それが妙にかっこよく感じられて、「自分も付けたいな」と思っていたんです。それと、現在は学生レスリングの試合はあまり記事にならなくなってしまいましたが、当時は今ほどスポーツの種類が多かったわけではなかったですし、レスリングはオリンピックでメダルを期待されていた競技ということもあって、学生の大会にも記者が駆けつけてくれたんです。事細かに取材をしてくれて、

拓殖大学のロンドンオリンピック報告会にて。左が米満達弘、右が湯元進一（2012年）

翌日の新聞に記事が出ているわけです。そういう一連の仕事ぶりに感化されまして、記者という職業に憧れを抱くようになりました。それで、漠然と「自分もレスリングの記者になろうかな」と思うようになっていたんです。

――自分の手で、世の中にレスリングのことを伝えたいと思われたわけですね。

はい、そうなんです。それと、もともと文章を書くこと自体、子どもの頃から好きでした。小学2年生の時には、既にほかの子どもたちが書かないような手法、例えば戦時中の作文で「おーい、これからみんなで戦争ごっこをやるぞ！」などと呼びかけるような文から書き始めたりしていました。

それが先生からも非常に高く評価されまして、「あぁ、文章というのはこうやって書けばいいんだな」ということが、その時に気づいたんですね。それが私の土台となっていまして、今現在も活かされているなぁと感じています。

――大学卒業後、日刊スポーツに就職されました。入社試験は、どのようなものだったのでしょうか？

昭和28年の春に大学を卒業したのですが、当時は大変な就職難に見舞われていまして、私自身、その日のご飯もろくに食べることができないほどでした。あわてふためかないような暮らしをしたいと思ってはいましたが、生活費がないわけですから、どうしたってあわててしまうんですね（笑）。そんな時に、拓殖大学の先生から「東京新聞社で見習い社員を募集しているようだから、試験を受けてみないか」と言われたんです。その先生は、人口論を専門にされていて、厚生省（現厚生労働省）の人口問題の権威であるような方だったのですが、私は学生時代にその先生の授業で「優」の成績をいただいていたんです。それで声をかけていただいたと思うのですが、もちろんありがたい話でしたので、早速試験を受けに行きました。そうしたら、慶應義塾大学、早稲田大学、法政大学、日本大学といった大学を卒業した人たちが来ていて、私を入れても5、6人ほどしかいませんでした。その中で4人が採用されまして、私もその中の一人に選ばれました。しかし、約1年間東京新聞社に勤めましたが、結局、私が望んでいた記者ではなく、運動部の隣にあった校閲部での仕事でした。そうしたところ、運動部の部長だった原三郎さんが私に声をかけてくれたんです。原さんは、1932年ロサンゼルスオリンピックのボート日本代表だったのですが、ご出身が私の故郷である神奈川県の小田原市にほど近い二宮町だということで、かわいがっていただいていました。その原さんから「日刊スポーツが採用試験をやるようだから、受けてみないか」と言われまして、それで試験を受けに行きました。ところが、100人近い大勢の人が来ていたものですから、「あぁ、これでは自分なんかは受からないだろうな」と半ば諦めの気持ちでおりました。それでも筆記試験で小論文がありましたので、それは張り切って書いたんです。配布された原稿用紙は4、5枚ほどだったのですが、書き出したらすぐに原稿用紙が足りなくなってしまいまして、「すみません、追加の原稿用紙をください」と、3回ほど「おかわり」をしました。おそらく20枚ほど書いたのではないかと思います。

――どのようなことについて書かれたんですか？

出だしは、こうです。「今は猫も杓子も野球、野球という時代。しかし、野球でオリンピックに行かれるか」と。現在は野球もオリンピック競技になっていますが、当時はそうではあり

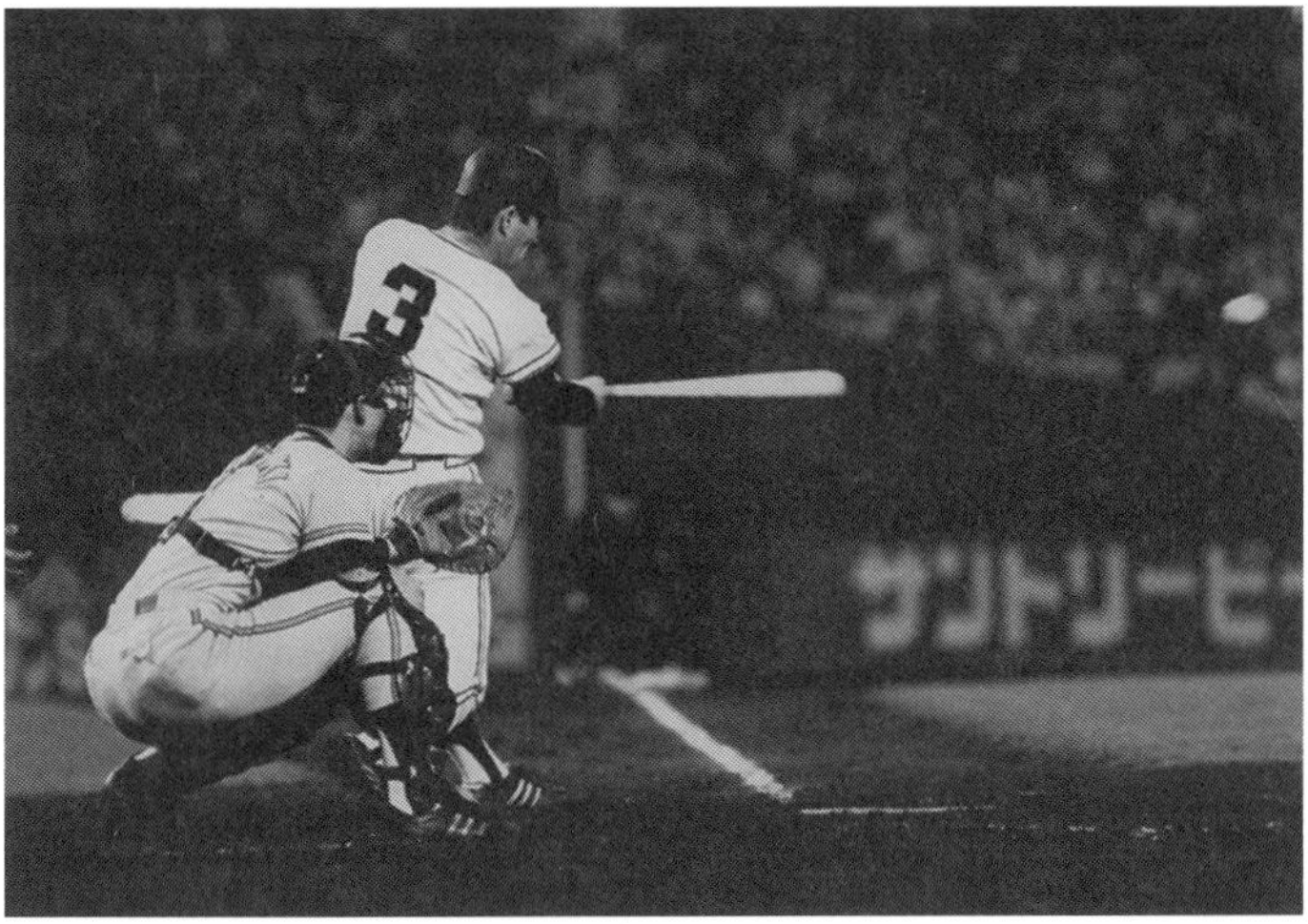

ON（王／長嶋）全盛時代には国民の多くがプロ野球に熱中した

ませんでしたから、「オリンピック至上主義」の私は、野球ではなくオリンピック競技であるレスリングの記事を書きたい、ということで、その前年に行なわれた日米対抗戦について事細かに書いたんです。そうしたところ、数日後、下宿先に1枚の葉書が届きまして、そこには「あなたは試験に合格されたので、いついつ面接を受けに来てください」ということが書かれてありました。

――面接では、どのようなことを聞かれましたか？

何かスポーツのことについて、いろいろと聞かれるんだろうなと予測して、面接の数日前には初めて野球観戦に行ったりもしたんです。スポーツ紙の面接を受けるのに、一番人気のあった野球を一度も観戦したことがないというのはまずいだろうなと思いまして。ところが、実際に面接に行ってみると、編集局長から「入社試験での君の書きっぷりが見事すぎて、みんなが注目したんだよ。書いてあった内容もさることながら、以前にいた記者は専門用語を間違うことがたびたびあったけれど、君の文章はそういうところもしっかりと書かれてあった」とお褒めの言葉をいただいて驚きました。それから「君は『グランドレスリング』を『グラウンドレスリング』と書いていたが、スペルを言ってみなさい」と言われたので、私がスペルを言うと、「そうだ。君の方が正しい」と、また褒められたんです。編集局長は入社試験での私の文章を見て、「この青年は記者として十分にいける」というふうに思ってくださったようで、念願の記者になることができました。

花形競技の移り変わり感じ始めていた

――日刊スポーツというのは、当時はどのような位置づけだったのでしょうか？

東京では読売新聞の経営による「報知新聞」、毎日新聞系列の「スポーツニッポン」、それから独立してはいたけれど販売店だけが朝日新聞と提携を組んでいた「日刊スポーツ」が、当時のスポーツ紙として存在していました。その中で、日刊スポーツは昭和21年3月に、日本で初めての「日刊の」スポーツ新聞としての歴史を歩み初めた老舗のスポーツ紙という位置づけにありました。

――当時、「国内スポーツ」と言えば、やはり野球が盛んだったのでしょうか？

そうです。とにかく野球が人気の時代でした。プロ野球はもちろんですが、東京六大学野球もラジオで中継放送をやっていたくらいでしたからね。このふたつが常に人気がありまして、そのほかは、大相撲や古橋廣之進が活躍された時代の水泳なんかにも耳目が集まっていました。

――一方でレスリングはどうだったのでしょうか。

人気という点では今ほどではありませんでしたが、それでも大学のリーグ戦でも新聞社は記事を書いてくれていました。

――アマチュアスポーツに対しても、新聞ではスペースを割いて記事が掲載されていたんですね。

今よりもずっと取り上げられていましたね。水泳、陸上から体操、柔道、ラグビー、レスリングだけでなく、ボクシング、バレーボール、バスケットボール、テニス、フェンシングといったアマチュアスポーツも、新聞ではよく取り上げられていました。アマチュアスポーツが非常に盛んだったという時代背景もあったと思います。

――そういった中で、宮澤さんは、やはり一番にレスリングを取り上げて、普及させたいという思いがあって、新聞記者になられたわけですね。

そうですね。ただ、同じ格闘技ということで言えば、ボクシングや大相撲、柔道などにも同じような思いを抱いていました。

――レスリングは、日本が戦後初めて参加した1952年のヘルシンキオリンピックで、石井庄八さんが金メダル（フリースタイルバンタム級）、北野祐秀さんも銀メダル（フリースタイルフライ級）に輝きました。そういうこともあって、レスリングはアマチュアスポーツの中では日本で人気の高い競技だったのでしょうか。

ヘルシンキオリンピックでは、レスリングへの期待は大きかったと思います。というのも、その前からレスリングでは日米対抗戦が行なわれていまして、最初はアメリカの選手に日本人選手は歯が立たなかったのが、だんだんとアメリカ人選手にも善戦するようになっていたんです。戦前はオリンピックというと、日本では陸上と水泳が花形競技で、一番期待が高かった。体操やレスリングは、それ以下という感じでした。ところが、ヘルシンキオリンピックでは期待していたものとは異なる結果でした。特に、金メダルを期待されていた水泳の古橋廣之進は、体調不良で男子４００ｍ自由形決勝でメダルどころか、８人中8着に終わったんです。一方、レスリングは５人の選手が出場して、金メダル一人、銀メダル一人。そのほか3人も5位、６位でしたから、５人全員が「入賞」という好成績を挙げました。さらに、体操も5人中二人がメダリスト（銀1、銅1）になりました。戦前から続いていた「陸上」「水泳」という二強から、時代はそのほかの競技へと移り始めた時と言ってよかったと思います。

――宮澤さんたちメディアが、そういう時代の流れに大きく関わっていたという実感はありましたか？

はい、ありました。なかでもレスリングにはそういう思いが強くありました。終戦後、連合国軍総司令部（ＧＨＱ）から、学校などで行なわれていた柔道や剣道といった日本武道の全面的な禁止令が通達されました。そうした中で、広く普

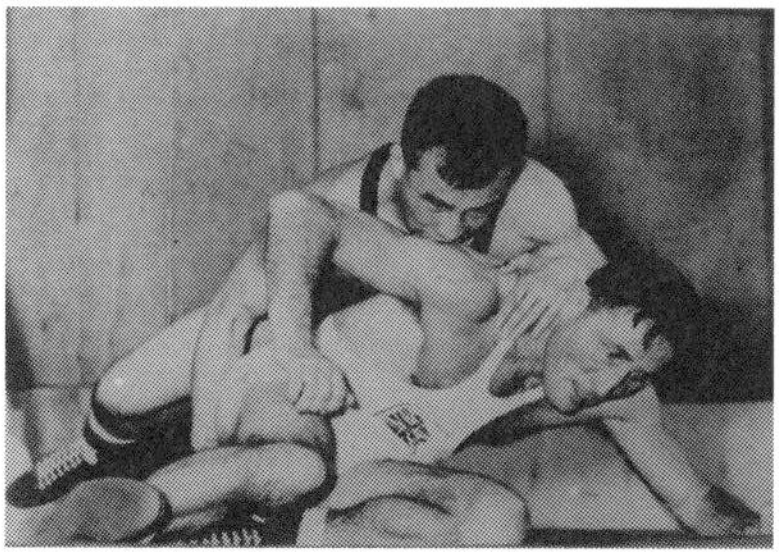

日本が戦後初参加したヘルシンキオリンピックのレスリングで金メダルを獲得した石井庄八（1952年）

及したのが西洋スポーツのレスリングやフェンシングだったんです。柔道人はレスリングへ、そして剣道人はフェンシングといった具合に、似たような競技を求めていったことが大きく影響していました。そうした時代背景の中、私自身、レスリングが日本国内で大きく広がっていっていることを実感しながら、取材活動をしていました。

政治色が強かった
東京オリンピック前のスポーツ事情

――1964年東京オリンピックの時は、記者になってどのくらいの頃だったのでしょうか？

あの時は34歳になっていましたので、記者生活がちょうど10年ほど経った頃でした。本来、記者として「脂がのった時期」というのは、もう少し後のはずなのですが、スクラップされた当時の記事を読みますと、僭越(せんえつ)ながら自分でも、ほかのどの記者が書く記事にも負けていなかったのではないかと思えるほど、内容が濃いものばかりだなと。日本人選手だけでなく、海外の選手についても各体重別に分析をして展望記事を書いたりしていましたからね。

――それだけレスリングを専門的に書くことのできる新聞記者は、ほかにいなかったのではないでしょうか？

多くはいなかったですね。おそらく私一人だったと思います。

——その東京オリンピックを迎える前に、実は世界のスポーツ界を揺るがす出来事が起こりました。発端は１９６２年にインドネシアで行なわれた「第４回アジア競技大会」（以下、アジア大会）でしたが、具体的にどのようなことが起きたのでしょうか？

アジア大会を開催した際、インドネシアは政府の方針で、イスラエルと中華民国（現在の台湾）を招待しなかったんです。当時、インドネシアは中国とアラブ諸国との連携強化を図っていました。そのために、宗教上の問題で対立しているイスラエルと、中国が国家として認めていない台湾に対し、代表選手団のためのＩＤカードを発給しなかったのです。そこで、国際オリンピック委員会（ＩＯＣ）は「アジア大会を正式大会として認めることはできない」と表明したこ

第4回アジア競技大会の開会式でのスカルノ大統領（1962年）

とで、大きな問題となったんです。

――そうした中で、日本選手団はどういう判断をしたのでしょうか？

ウエイトリフティングは、国際競技連盟（ＩＦ）の意向を受けて「この大会に参加をして、2年後の東京オリンピックに出られないとなるのは困る」ということで、不参加を表明しましたが、それを除いた競技団体は「ここまで来たのだから」ということで参加する判断を下しました。

その背景には、日本がインドネシアの独立に協力し、親日国になっている開催国を見捨てるわけにはいかないということもありました。ただ、大会期間中は、選手団役員のホテルに日本体育協会の関係者からは、大会の状況等についてひっきりなしに連絡が来て、その対応が大変だったそうです。結局、大会を終えて帰国後に、参加に伴う混乱の責任を負うかたちで、組織委員会会長の津島寿一さん（日本体育協会会長）と、同事務総長の田畑政治さん（日本オリンピック委員会／ＪＯＣ総務主事）が辞任に追い込まれました。

――その後、ＩＯＣから資格停止処分を受けたインドネシアは、ＩＯＣからの脱退を表明。さらに、1963年11月に「新興国競技大会」（ＧＡＮＥＦＯ）を開催したことで、さらに深刻

新興国競技大会を立ち上げたインドネシアのスカルノ大統領（左・デヴィ夫人）

化しました。

その「新興国競技大会」には、アジアやアフリカの諸国をはじめ、当時ＩＯＣから脱退していた中国が招待されていました。日本もその大会に招待されていたのですが、翌年の東京オリンピックのことを考えると下手なことはできないということで、オリンピックの選考レベルには達していない選手を集めまして、選手団を派遣しました。

――このような問題を引き起こした張本人のインドネシアのスカルノ大統領（当時）に、宮澤さんは直接お話されたそうですね。それは、どういったいきさつからだったのでしょうか？

１９６２年のアジア大会には、日本から

ジャカルタで行なわれた「新興国競技大会」のレスリング競技を取材中（1963年）

大勢の報道陣が詰めかけていまして、私も日刊スポーツから派遣されて行っていました。私自身は政治的問題はあるにしても、インドネシアの選手たちには東京オリンピックに参加してほしいと思っていました。ですから、スカルノ大統領に会って、直接「ぜひ、東京オリンピックに来てください」と言いたいという気持ちがあったんです。現地では当然会見があるのだろうと思っていたのですが、特にスカルノ大統領が我々報道陣の前に出るような機会はないというんですね。そこで、伊藤忠など商社に勤めていて、インドネシアに駐在している拓大インドネシア語学科の後輩に相談したところ、スカルノ大統領に会えるということになったんです。

――直接「ぜひ、東京に来てください」とおっしゃったんですか？

はい、申し上げました。そうしたところ、スカルノ大統領は「東京には私の友人が何人もいます。ですから、東京オリンピックの成功を祈っています」と言ってくださいました。

――しかし、残念ながら翌年の東京オリンピックでは、インドネシア選手団は来日しながら、IOCから大会の参加許可が下りず、開会式の日に日本を離れるという事態となりました。東京オリンピックの前後は、スポーツと政治には微妙な関係性があったということが言えますね。

インドネシアの参加が認められることを願っていましたので、それは本当に残念な出来事でした。

解説記事に示されていたメディアの役割

――東京オリンピックに向けて、日刊スポーツでは、どのような体制で臨んだのでしょうか。

社内では、前年の年明けくらいから強化体制を敷きまして、編集局次長をトップとした「オリンピック企画委員会」を設置しました。記者は全員参加というかたちでして、全社をあげて東京オリンピックに向けた準備体制を整えました。

――大会期間中は、国立競技場の近くに一軒家を借りて、そこを日刊スポーツの本部とされていたそうですね。

はい、その一軒家を拠点として、取材に行っていました。自宅が近い記者は帰宅していましたが、遠くて通えない記者は、その本部に泊まり込みで作業を行なっていたんです。オリンピック企画の中で、私が特に掲載した意義があったと感じたのは、特別企画班（特企班）の数人の記者たちで書いた長期連載『スポーツ茶の間の科学』でした。これは、一般的によく使用されているけれども、具体的には説明されたことがないようなスポーツ関連の用語について、科学的に分析をしたうえで記事にするというものでした。

――例えば、どのような用語があったのでしょうか？

スポーツのシーンでよく使用される「根性」という言葉とかですよね。それには心理を専門とする先生のところに話を聞きに行ったりしたわけです。

――それから、宮澤さんが保管している資料を拝見させていただきましたら、『日刊スポーツ東京オリンピック号』というのがあったり、あるいは小学館が発行した『小学6年生　オリンピック記念号』の表紙があったりしたのですが、オリンピック前にはこうした特別号がいくつも出て、大変盛り上がった様子が目に浮かびます。

新聞社も出版社も、こぞってオリンピック特別号を出していましたね。もちろん、大会を盛り上げるということもあったと思いますが、実際に売れ行きも良かったはずです。それだけオリンピックに関する情報を国民が求めていたということも言えるかと思います。

――日刊スポーツでは、全日本女子バレーボール「東洋の魔女」を取り上げたり、柔道をわかりやすく解説した「打倒ヘーシンク」というコーナーもあって、メダルの数とか、勝敗だけに特化したようなものではなく、何か「オリンピックを学ぼう」という姿勢が見える記事が多かった気がいたします。

そうですね。なにしろ日本、あるいはアジアで初めて開催されるオリンピックでしたから、広く、そして深く、読者に解説するという役割があるだろうということだったと思います。

――今は何かというと「メダルの数」ばかりに注目がいってしまうような報道が多いのですが、1964年の時の姿勢を学ばなければいけないかもしれませんね。

私はそう思います。それこそ、2020年東京オリンピック・パラリンピックの年になった時には、もう一度、1964年の時のような国民に説明する「解説」の役割を果たす連載を復活させるべきではないだろうかと思っているんです。日刊スポーツでは既に毎週水曜日に見開き2ページの長期連載企画が好評です。

国内外に発信した「日本の今」

――さて、1964年東京オリンピックでの取材における、宮澤さんにとってのハイライトと言えば、やはりアントン・ヘーシンク（オランダ）と神永昭夫さんが対決した、柔道無差別の決勝ということになるかと思います。そもそも、神永さんとは深いつながりがあったそうですね。

私の父親が、神永さんの故郷である宮城県仙台市の出身でして、父の弟である私の叔父の家が、神永家の隣にあったんです。私も叔父の家には何度も遊びに行っていましたから、小さい頃から神永さんを知っていまして、彼が柔道家として大成していく過程を間近で感じていました。

――ヘーシンクは1961年の第3回世界選手権（パリ・当時無差別級のみ）で、外国人選手としては初めて優勝を果たし、それ以降は無類の強さを誇っていました。ヘーシンクが東京オリンピックでも無差別に出場するということで、そのヘーシンクと対決する日本人選手は誰かということが、当時は非常に注目されていたそうですね。

はい。当時は、猪熊功さんと神永さんとで、どちらを無差別にするかで意見が分かれていました。最終的に猪熊さんが重量級、神永さんが無差別級ということで決まったのは、開幕直前だったと記憶しています。正直に言えば、日本人選手がヘーシンクに勝てる可能性は、決して高くはなかったと思います。それに加えて、神永さんは膝の故障を抱えていて、万全と言える状態ではありませんでした。それでも神永さんは、監督とコーチから「君がヘーシンクと戦うんだ」と告げられた時、顔色一つ変えず「わかりました」とだけ言って席を立ったそうです。

――ヘーシンクと神永さんとの決勝は、どこで見られていましたか？

私は、観客席で神永さんの父君とお兄さん、結婚したばかりの神永さんの奥さまと一緒に並んで試合を見ていました。

――その試合ばかりは、いつものように記者としてというよりも、どちらかというと家族と同じような心境で見守っていたのではないでしょうか？

そうでしたね。神永さんのご家族とも親しくさせていただいていましたので、まるで家族の一員というようにして、終始、息が止まるような思いで見ていました。


——試合時間が残り40秒を切ったところで、へーシンクの左けさ固めが決まり、神永さんは敗れました。試合後の様子はいかがでしたか？

試合会場の外にあった各国の選手控室のところまで行きましたら、部屋の中から男泣きが聞こえたんです。中には、神永さんのほかに、監督やコーチ、補欠選手など数人いましたから、泣いている声が誰のものなのかは、未だにわかっていません。ただ、私は神永さん本人が泣いたのではないと思っているんです。曽根康治コーチか、猪熊氏か？残念ながら神永さんはお亡くなりになってしまいましたが、当時周辺にいた人たちに、いつか「真相」を聞いてみたいなと思っています。


——振り返ってみて、１９６４年東京オリンピックにおいて、メディアが果たした役割について、どのように感じられていますか？

やはり、競技会場に足を運べない人たちの方が多かったわけですから、その人たちが東京オ

東京オリンピック柔道無差別決勝でオランダのヘーシンクに敗れた神永昭夫（左）（1964年）

リンピックを知る手段として、メディアが果たした役割というのは、非常に大きかったはずです。東京オリンピックが日本全体で盛り上がったのは、メディアあってのことだったのではないでしょうか。そして、われわれメディアも、そのことを十分に理解していました。丁寧な解説の記事が多かったのは、その何よりの証（あかし）だと思います。

――１９６４年東京オリンピックは、「戦後復興」を世界に発信した大会だったと言われていますが、メディアの視点から見て、実際には何を世界に発信できた大会だったと思われますか？

思い出されるのは、私の恩師でもある八田一朗さん（１９６４年当時、日本アマチュアレスリング協会会長）の言葉です。八田さんは、東京オリンピックの開幕前、私にこう言いました。「宮澤くん、日本は確かに戦争には負けた。でも、日本には世界に決して負けていないものだってある。それは芸術であり、文化だよ。だから東京オリンピックでは、日本のスポーツが世界に劣っていないということを証明したいんだ。僕は、それができると信じている」と。実際、その通りになったと私は思います。スポーツを通して、「日本は今、こんなにも力強く、元気にやっていますよ。決して、海外に負けていませんよ」ということを発信できた、そんなオリンピックとなったのではないでしょうか。

略称「五輪」ではなく強調したい「オリンピック」の使用

――宮澤さんは、東京オリンピックの後に開催された東京パラリンピックも取材をされたそうですね。

東京オリンピックが閉幕した後に、「東京パラリンピックも取材をさせてください」と自ら手を挙げました。社内では、パラリンピックにも理解がありましたので、取材に行かせてもらえることになったんです。

――パラリンピックの様子はいかがでしたか？

オリンピックの時には、どの競技会場に行っても、スタンドには大勢の観客が詰めかけていて、報道陣も沢山いましたが、パラリンピックになった途端に、観客も報道陣もほとんどいませんでした。

――宮澤さんは、どのような内容の記事を書かれたのでしょうか？

私は、パラリンピックの結果や競技の内容についてではなく、大会を支える人たち、例えば選手村で選手たちのお手伝いをする学生たちや、派遣された自衛隊隊員の仕事ぶりを取材しました。選手村のベッドメイキングを担当したのは、私の母校である拓殖大学のアーチェリー部の学生でした。どの学生も口をそろえて言っていたのは、「自分たちは日当が目当てのアルバイトではありません」ということでした。ボランティアとしての誇りを持って、参加していたのだと思います。彼らには1枚の感謝状だけが残されました。

――試合を取材された競技はありましたでしょうか？

車いすフェンシングを取材しました。というのも、前年インドネシアのジャカルタで行なわれたＧＡＮＥＦＯの時に、私が取材をした選手、彼は学生だったのですが、その彼がコーチを

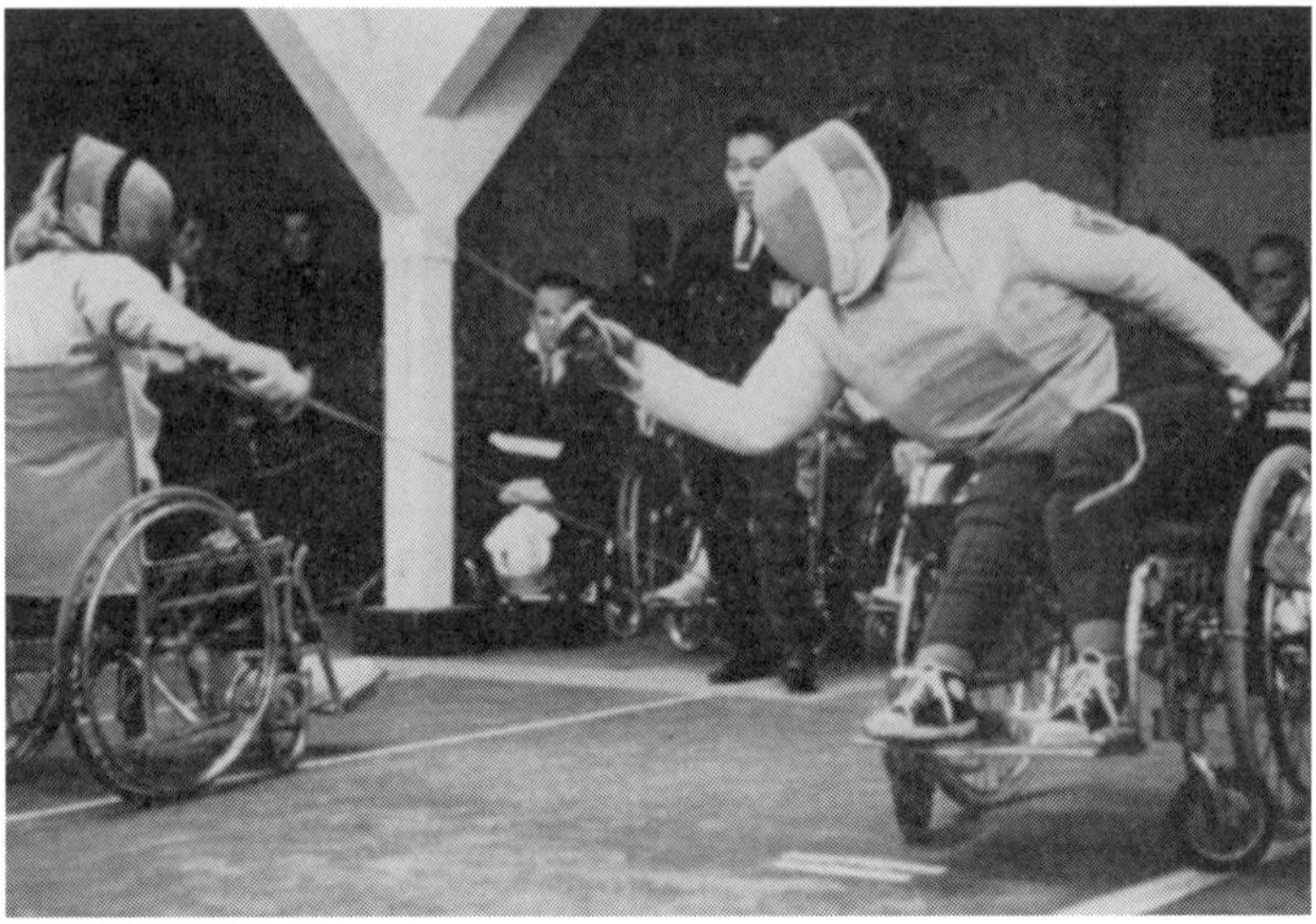
パラリンピック東京大会の車イスフェンシング競技（1964年）

務めていたんです。ですので、学生とパラリンピックとの心温まる交流ということで、記事を書きました。

――さて、2020年東京オリンピック・パラリンピックまで、あと3年を切りました。今後、さらにオリンピック・パラリンピックに関する報道も増えていくと思いますが、記者の視点から日本のメディアに伝えたいこととは何でしょうか？

1964年の時もそうだったのですが、記事の内容は、あまり自国に偏り過ぎない方がいいのではないかと思います。メディアは常に真ん中に立って、日本人選手のことも、海外選手のことも、同じ目線で報道してほしい。もちろん、日本の応援記事もあっていいと思います。苦戦した中で勝利を挙げた日本人選手を称えるとかね。しかし、そればかりではなく、海外選手にも目を向けて、公平な目で見た記事を書いてほしいと思いますね。

それと、もうひとつ。今、「オリンピック」を「五輪」と記載するメディアが非常に多いですよね。実は、私はあまり良いとは思っていないんです。そもそも、「五輪」という言葉は、1940年の幻となった東京オリンピックの開催が決定した際、読売新聞記者だった川本信正さんが「オリンピック」の略称として考案したもの。私も同じ記者として「妙案だ」と思っていました。実際、私が日刊スポーツのデスクをしていた頃は、日本新聞協会が「五輪」という言葉を推奨している節がありましたから、記者からあがってきた記事の「オリンピック」を「五輪」に訂正していたこともあったんです。しかし、後に往年のオリンピアンたちを取材する中で、「この方たちを略称である『五輪』という言葉で表現してはいけない」というふうに思ったんです。彼らは「オリンピック」を崇高していて、「オリンピアン」であることに誇りを持っているわけです。それをメディアの「文字数制限」という勝手な理由で、安易に略称で表現してはいけないなと。ですから、可能な限りでいいのですが、メディアの皆さんにはぜひ「オリンピック」という言葉を使ってほしいと思います。でないと、代表選手自身が「五輪」を口にするようになります。菅義偉官房長官と小池百合子東京都知事が全日本空手のプログラムに「五輪」を使っていたのは驚きでした。

宮澤正幸氏

――宮澤さんご自身、今も現役の記者としてご活躍されています。1964年と2020年、両方の「東京オリンピック・パラリンピック」を取材されますと、もしかしたらギネス記録になるのではないでしょうか？

実は、周囲からもそのことをよく言われるんです。「宮澤さん、あと3年頑張って、一緒に仕事をしましょう。そうしたら、ギネス入り間違いないですから、その時はぜひ記事を書かせてください」と、他社を含めて何人もの記者から、既にインタビューの予約が殺到しています（笑）。

――オリンピックは10月28日に、パラリンピックは11月29日に、それぞれ開幕まで

「1000日前」という節目の日を迎えました。いよいよ近づいてきたな、という感じもするのですが、そうした中で、二度目の「東京オリンピック・パラリンピック」を成功させるために必要なことは何でしょうか？

自国開催のオリンピック・パラリンピックを盛り上げるには、やはり日本人選手の活躍が不可欠です。ですから、メダルを期待されている選手は、みんな獲得できるように努力してほしいと思います。

――2020年東京オリンピック・パラリンピックに向けて、若い世代に期待することは何でしょうか。

当然ですが、若い人たちは、1964年の時代にあったオリンピック・パラリンピックを経験していないし、そもそも「知らない」という人も多いと思います。そういう若い人たちにとって、オリンピック・パラリンピックと言えば、夏季大会に関しては、これまでは常に海外で開催する大会で、それをテレビや新聞を通して見たり聞いたりしてきたわけです。ですから、オリンピック・パラリンピックを知ってはいるけれども、自国開催のオリンピック・パラリンピックがどういうものかということに関しては未経験。そういう中で、今から取り組んでほしいなと思うのは、海外から来た人たちへの接遇の仕方ですね。というのも、オリンピック・パラリンピックというのは、やはり開催国がどういうところなのか、ということも見られるわけです。来日した海外の選手、メディア、観客の目を通して、「日本はこういう国です」ということが、世界に発信されていく。ですから、接遇の仕方は非常に重要です。そして、いい接遇をするためには、まず語学が必要ですから、若い人たちには日常会話ができるくらいの英語を身に付けてもらいたいなと思います。スペイン語、ポルトガル語、インドネシア語も同じ。そうして、選手の活躍とともに、若い人たちの手で、東京オリンピック・パラリンピックを盛り上げていってほしいと思います。

第6章　日本のメディアはオリンピックで何を伝えたのか　宮澤正幸

宮澤正幸氏 略歴

		オリンピック関連・世相	宮澤氏略歴
1928	昭和3	夏季：アムステルダムオリンピック開催 冬季：サンモリッツオリンピック開催	
1930	昭和5		宮澤正幸氏、神奈川県に生まれる
1932	昭和7	夏季：ロサンゼルスオリンピック開催 冬季：レークプラシッドオリンピック開催	
1936	昭和11	夏季：ベルリンオリンピック開催 冬季：ガルミッシュ・パルテンキルヘンオリンピック開催	
1940	昭和15	第二次世界大戦でオリンピック中止	
1944	昭和19	第二次世界大戦でオリンピック中止	
1945	昭和20	第二次世界大戦が終戦	
1947	昭和22	日本国憲法が施行	
1948	昭和23	夏季：ロンドンオリンピック開催 冬季：サンモリッツオリンピック開催	拓殖大学に入学。レスリング部に所属し、国体、インカレにフライ級の選手として出場
1950	昭和25	朝鮮戦争が勃発	
1951	昭和26	日米安全保障条約を締結	
1952	昭和27	夏季：ヘルシンキオリンピック開催 冬季：オスロオリンピック開催	
1953	昭和28		東京新聞社入社
1954	昭和29		日刊スポーツ新聞社に入社。運動部記者として、主にレスリング、柔道、相撲、体操を担当
1955	昭和30	日本の高度経済成長の開始	
1956	昭和31	夏季：メルボルンオリンピック 冬季：コルチナ・ダンペッツォオリンピック開催	
1959	昭和34	1964年東京オリンピック開催決定	

1960　昭和35	夏季：ローマオリンピック／冬季：スコーバレーオリンピック開催 ローマで第9回国際ストーク・マンデビル競技大会が開催	
1964　昭和39	夏季：東京オリンピック・パラリンピック開催 冬季：インスブルックオリンピック開催 東海道新幹線が開業	東京オリンピック・パラリンピックを取材。柔道無差別の決勝戦（神永昭夫対アントン・ヘーシンク）では、神永の家族とともに試合を観戦
1968　昭和43	夏季：メキシコオリンピック／夏季：テルアビブパラリンピック開催 グルノーブルオリンピック開催冬季：	
1969　昭和44	日本陸上競技連盟の青木半治理事長が、日本体育協会の専務理事、日本オリンピック委員会（JOC）の委員長に就任 アポロ11号が人類初の月面有人着陸	
1972　昭和47	夏季：ミュンヘンオリンピック／ハイデルベルクパラリンピック開催 冬季：札幌オリンピック開催	
1973　昭和48	オイルショックが始まる	
1976　昭和51	夏季：モントリオールオリンピック／トロントパラリンピック開催 冬季：インスブルックオリンピック開催 ロッキード事件が表面化	
1978　昭和53	8カ国陸上（アメリカ・ソ連・西ドイツ・イギリス・フランス・イタリア・ポーランド・日本）開催 日中平和友好条約を調印	
1980　昭和55	夏季：モスクワオリンピック開催（日本はボイコット） 夏季：アーネムパラリンピック開催 冬季：レークプラシッドオリンピック／ヤイロパラリンピック開催 冬季パラ大会への日本人初参加	
1982　昭和57	東北、上越新幹線が開業	
1984　昭和59	夏季：ロサンゼルスオリンピック開催 夏季：ニューヨーク、ストーク・マンデビルパラリンピック開催 冬季：サラエボオリンピック／インスブルックパラリンピック開催	

1988 昭和63	夏季：ソウルオリンピック・パラリンピック開催 冬季：カルガリーオリンピック／インスブルックパラリンピック開催	ソウルオリンピック・パラリンピックを取材
1992 平成4	夏季：バルセロナオリンピック・パラリンピック開催 冬季：アルベールビルオリンピック開催 冬季：ティーニュ、アルベールビルパラリンピック開催	バルセロナオリンピック・パラリンピックを取材
1994 平成6	冬季：リレハンメルオリンピック・パラリンピック開催	
1995 平成7	阪神・淡路大震災が発生	
1996 平成8	夏季：アトランタオリンピック・パラリンピック開催	アトランタオリンピック・パラリンピックを取材
1997 平成9	香港が中国に返還される	
1998 平成10	冬季：長野オリンピック・パラリンピック開催	
2000 平成12	夏季：シドニーオリンピック・パラリンピック開催	
2002 平成14	冬季：ソルトレークシティオリンピック・パラリンピック開催	
2004 平成16	夏季：アテネオリンピック・パラリンピック開催	
2006 平成18	冬季：トリノオリンピック・パラリンピック開催	
2007 平成19	第1回東京マラソン開催	
2008 平成20	夏季：北京オリンピック・パラリンピック開催 リーマンショックが起こる	
2010 平成22	冬季：バンクーバーオリンピック・パラリンピック開催	
2011 平成23	東日本大震災が発生	
2012 平成24	夏季：ロンドンオリンピック・パラリンピック開催 2020年東京オリンピック・パラリンピック開催決定	
2014 平成26	冬季：ソチオリンピック・パラリンピック開催	
2016 平成28	夏季：リオデジャネイロオリンピック・パラリンピック開催	
2018 平成30	冬季：平昌オリンピック・パラリンピック開催	

第7章

1964年をきっかけに
世界へ広がった
「ピクトグラム」

村越愛策

Murakoshi Aisaku

1964年東京オリンピックの遺産のひとつである「ピクトグラム」(絵文字)。その開発者の一人として、「空の表玄関」東京国際空港(羽田空港)のサインを担当したのがデザイナー村越愛策氏です。村越さんがデザインに関心を持ったきっかけは、幼少時代を満州で過ごしたことにあったと言います。そして東京オリンピックに向けての2年間にわたる作業は、多忙を極めたそうですが、「面白かった」と村越氏は語っています。果たして、村越氏が「ピクトグラム」に寄せたこだわりとは何だったのか。現在では誰もが日常的に使用している「ピクトグラム」について、村越氏にお話を伺いました。

村越愛策(むらこし・あいさく)1931年生まれ。工業デザイナー。1956年、千葉大学工学部工業意匠科を卒業した後、フリーランスデザイナーを経て村越愛策デザイン事務所を設立。国内外の空港、東北・上越新幹線、地下鉄・私鉄駅、公共機関・自治体・病院など幅広い分野の施設で公共サインを手掛ける。ISO図記号国内対策委員会案内用分科会主査、千葉大学教授、JIS案内用図記号原案作成委員会委員長を歴任。

聞き手/佐塚元章氏　　文/斉藤寿子　　構成・写真/フォート・キシモト
取材日/2017年11月27日

「形態は機能に従う」ことを学んだ少年時代

――村越さんは、戦時中に満州で生まれて、15歳の時にお姉さんと二人で日本に引き揚げられました。

私が14歳、中学2年の時に終戦を迎えまして、その1年後の昭和21年（1946年）、日本に引き揚げてきました。ですから、日本の小学校に入学するまでは「友だち」と言えば、ほとんど満州の人しかいなかったんです。だからなんでしょうかね。絵など、言葉の代わりになるものに対して、非常に興味がありました。

――まさに言語の代わりである「ピクトグラム（絵文字）」そのものですね。子ども時代のそうした境遇が、将来の仕事へとつながっていったというわけですね。

そうかもしれませんね。中国語がわかりませんでしたから、遊びひとつにしても、とにかく言語の代わりになるもので対応しなければいけなかった。そうした環境が、大きく影響したのかもしれません。

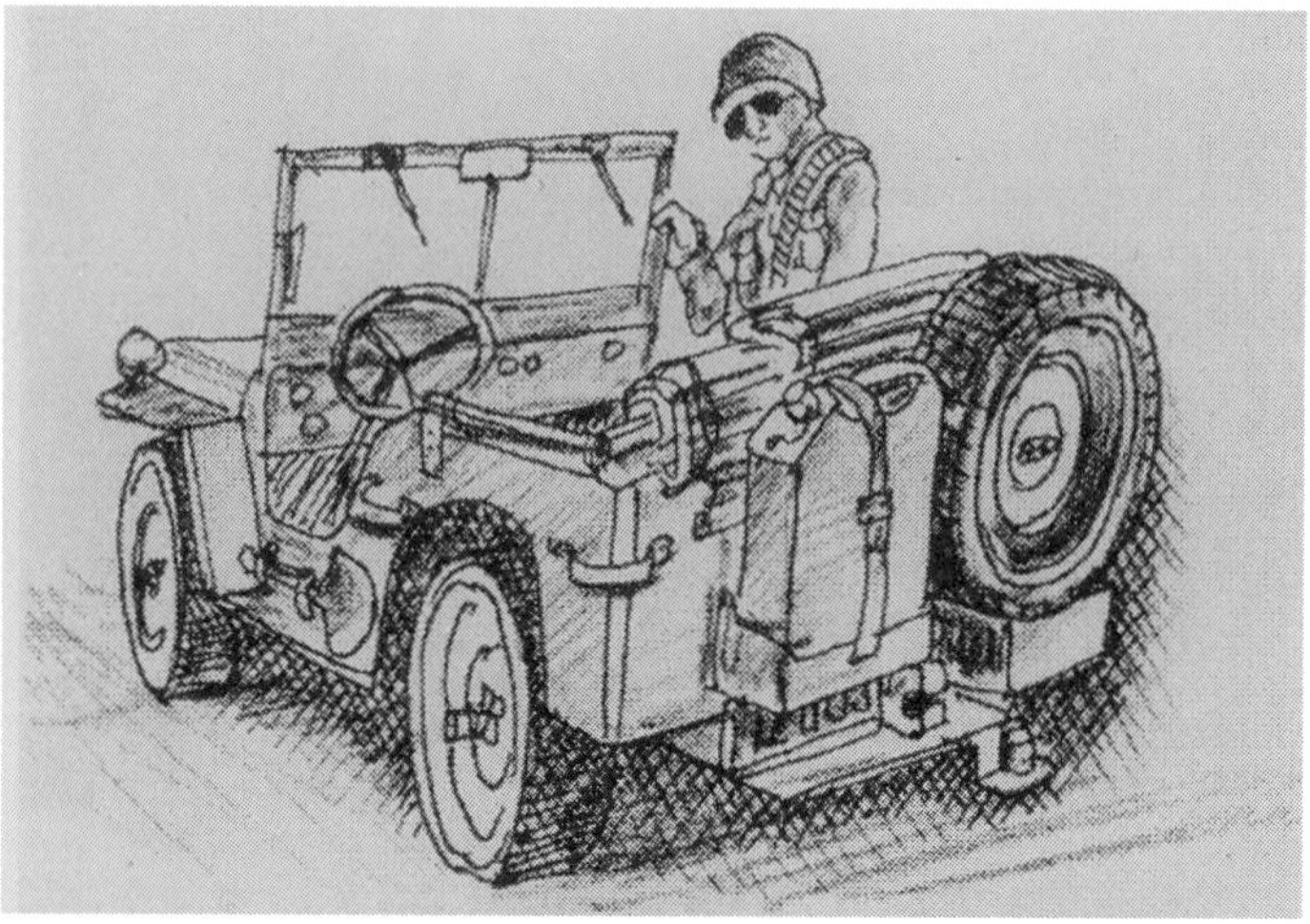

中国で見た米軍から貸与されたジープのイラスト（自叙伝「70年を超えて」村越愛策/2016より）

――14歳で迎えた「敗戦」は、村越さんの心に何をもたらしたのでしょうか？

戦時中、私は子ども心に飛行機に憧れを抱いていまして、ずっと飛行兵になろうと思って、空ばかり見ているような子どもでした。そうしたところ、昭和20年（１９４５年）に敗戦となって、米軍から貸与したジープというものに出合ったんです。私は正直、「形の悪い車だな」と思いました。当時のデザインは飛行機に代表するように「流線形」が主流だったからです。しかし、よく観察してみると、実に機能的だということがわかり、それを機に考え方がガラッと変わりました。このことが、後にデザインの道に進んだ時に、「形」以上に重要な何かがあると考え、それを求めていったことにつながったのだと思います。その後、大学時代に「形態は機能に従うもの」ということを教わり、自分の考えが間違っていなかったことを確認することができました。

「オリンピック景気」で高まった商業デザインの需要

――具体的には、どのようにしてデザインの道に進まれたのでしょうか？

日本に引き揚げてきた後、私は神奈川県小田原市の旧制・神奈川第二中学校に入りまして、新制・小田原高校を卒業した後は、千葉大学工学部に進学しました。もともと東京の芝浦には東京高等工芸学校（昭和20年に「東京工業専門学校」に改称）というデザイン教育を行なっていた学校がありました。しかし、昭和20年5月の東京大空襲で建物が全焼してしまったんです。それで、千葉県松戸市にあった陸軍工兵学校の校舎に移転をしまして、昭和24年（１９４９年）に「千葉大学工芸学部」、昭和26年（１９５１年）に「工学部」となったという経緯があります。私が千葉大学に入学した当時、工学部には小池新二という先生がいました。小池先生は東京大学文学部で美学美術史学を学ばれた方で、戦後に千葉大学工学部工業意匠学科の学科長として招かれたんです。私はその小池先生に師事しました。

村越愛策氏

——なぜ、千葉大学を選ばれたのでしょうか？

ほかに、デザインを専攻できるところがなかったからです。東京芸術大学には当時「図案科」がありましたが、工業とは無関係で絵のみを学ぶところでした。

——まだ「工業デザイン」というものが認知されていなかった時代において、千葉大学工学部工業意匠学科は先駆け的な存在だったというわけですね。

そうなんです。「工業デザイン」と言っても、一般的には「何それ？」と言われるくらいで、そうした時代において小池先生はパイオニア的存在でした。私はそこで「工業デザイン」の基礎を学ばせていただきました。しかし、１９５６年（昭和31年）の就職の時には、まだデザインと言えば服飾系の時代だったので、面接で「君はミシンは踏めるのか？」という質問を受けました。

――大学卒業後は、すぐに独立されました。お一人でデザイン事務所を構えられたんですか？

まぁ、事務所を構えるというようなたいそうなことではなかったのですが、当時二階建ての友人の家に下宿をして、そこで仕事をしていました。千葉大同期の仲間と一緒に広告やグラフィックの展示会を開いたりすると、そこにスポンサーがつくこともあったんです。当時依頼が多かったのは事務用品のカタログや宣伝物などの「商業デザイン」でしたね。

――時代は、１９５０年代。朝鮮戦争勃発で日本は特需で好景気となり、その後、高度経済成長の時代へと入っていきます。そうした時代背景もまた「商業デザイン」が求められたことと関係していたのでしょうか？

そうですね。朝鮮戦争による好景気の影響を大きく受けていたと思いますし、さらに、１９５９年にはアジア初となる東京オリンピックが１９６４年に開催されることが決定しました。高速道路や新幹線の開通に向けての工事が始まり、また次々と建物の建設、改築が始まったわけです。それもまた、「商業デザイン」の必要性が高まっていく契機となったのだと思います。

——当時、オリンピックが東京で開催されるというのは、日本国民にとってはやはり大きなインパクトのある出来事だったのでしょうか？

それは大きなものでしたよ。東京オリンピック開催が決定して以降、さまざまなことが急激に動きましたからね。例えば、高速道路や新幹線の開通も、東京オリンピックが開かれるからということで実現したものです。

——当時から村越さんのご自宅兼仕事場は、東京の原宿にあったそうですが、街の変化も激しかったのでしょうか？

当時の原宿は、まだ今のように若者の人気スポットというわけではなく、デザイナー仲間が結構住んでいました。私は東京オリンピック開催の2年前、1962年から原宿に住んでいたのですが、2年間で街の様子は一変したんです。例えば、ついこの間まで女性服を扱うテナントが入っていたビルが、いつの間にか壊されて駐車場になっていたり……。住んでいる者としては寂しい思いもありましたが、東京オリンピックに向けては仕方なかったんでしょうね。でも、今でも原宿は2、3年すればあったはずのお店がなくなっていたりと、「変わりゆく街」。

羽田空港トイレのサイン

東京オリンピックを期に整備された
首都高速道路

55年も住んでいる原宿の変貌は面白いなと思いながら見ています。２０２０年東京オリンピックに向けては、どんなふうに変わっていくのでしょうかね。

欧州発祥の「ピクトグラム」を整備、統一

――その東京オリンピックでは、村越さんは海外の人々を最初に出迎える「空の表玄関」東京国際空港（羽田空港）に携わられました。これは、どのようなことがきっかけだったのでしょうか？

東京オリンピック開催の際には、海外から大勢の選手団や関係者、観客が来られるということで、「羽田空港の看板をなんと

かしなければならない」という話が持ち上がったんです。当時の羽田空港の看板といえば、「禁煙」を示すもの一つとっても、手書きのものが乱雑に標示されていただけでした。それも文字だけのものでしたから、非常にわかりにくかったんです。「これではいかん」ということで、建設業界から東京オリンピック組織委員会に設けられた「デザイン連絡協議会」に依頼がありました。そこで日本のデザイン界の第一人者であり、東京オリンピックのデザイン専門委員会委員長を務めた勝見勝先生の出番となったのです。その勝見先生からご指名をいただいた私の作業は1962年から始まって、約1年間の期間しかありませんでした。勝見先生は代々木の競技場周辺全てのデザインを受け持たれていて、私にも「羽田空港だけじゃなくて、ほかの施設においても、密接に携わってくれよ」と言われましたけども、私はもう羽田空港だけでいっぱいいっぱいでした。ずっと朝から晩まで仕事場のある自宅かもしくは空港に詰めているような日々を過ごしました。デザイン連絡協議会の事務所は旧赤坂離宮の小部屋に設けられていましたが、私は一度もそこに伺うことすらできないくらい、羽田空港の作業で手一杯だったんです。

――そうした中で、1964年東京オリンピックの遺産の一つとなっている「ピクトグラム」が誕生しました。

「ピクトグラム」の発祥は、第一次世界大戦後（1919年頃）のヨーロッパにあります。陸続きの彼らにとって移動する手段は道路や鉄道で、言語が異なる各国を通過する際に必要とされ、ヨーロッパ鉄道連合が考案したのが「絵文字（ピクトグラム）」でした。ですから、私たちデザイン界ではその存在は知っていたんです。ただ、当時のヨーロッパの「絵文字（ピクトグラム）」というのは、全く統一されたものではなく、例えばトイレの表示ひとつをとっても、男性なのか女性なのか、わからないようなものが少なくありませんでした。それを、きちんと整備し、統一して、「わかりやすさ」を追求したのが、東京オリンピックだったんです。当時の日本は海外旅行をする人はほとんどおらず、海外の人が来日するということも稀でした。ですから、外国語の表記と言えば、英語が少しあるだけでした。ところが、東京オリンピックでは90カ国以上の人々が一気に押し寄せてくる。勝見先生は「英語、フランス語、スペイン語、ロシア語、中国語、ドイツ語など、各国の言語で表記するのは不可能」と考えられていました。ところが、これは裏話ですが、当初は「10カ国でも20カ国でも、各国の言語を書いた看板を作れば、問題ないでしょう」という政府の話だったそうです。しかし、それでは言語の氾濫を招くことは明らかでした。そこで勝見先生が「視覚言語」の必要性を訴え、「それならば、絵文字（ピクトグラム）を作りましょう」と提案したことで、その製作が始まったんです。陸上競技や体操などといった「競技シンボル」と、トイレや公衆電話などを示す「施設シンボル」が

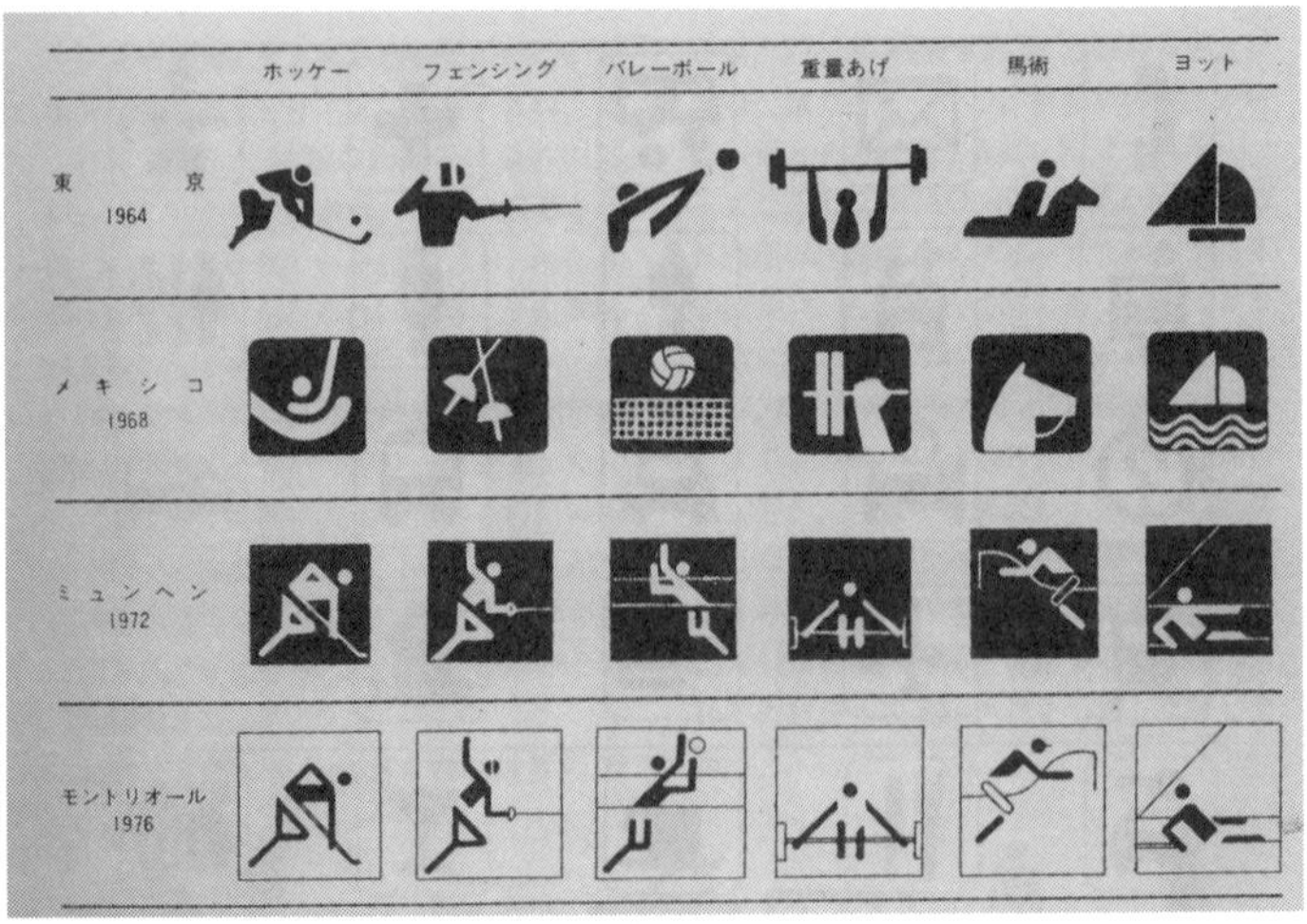

東京大会を嚆矢とするオリンピック競技のピクトグラム

作られました。「競技シンボル」は、世界で初めてのことで、その後各国でのオリンピックにも用いられました。そのため、オリンピックでのピクトグラム活用は「絵文字の国際リレー」と呼ばれていたのです。

——東京オリンピックには、93カ国の選手団が来日しました。それぞれ言語はもちろん、文化も生活習慣も異なるわけで、その人たちがまず最初に足を踏み入れる羽田空港の看板というのは、非常に重要だったと思います。どのようなピクトグラムを考えられたのでしょうか。

　最初に着手したのが、トイレでした。男女それぞれを表す人型のサインを考え、さらに男性と女性を青とピンクで色分けをし

1968年メキシコオリンピックで使用されたピクトグラム

ました。それから進行方向を示す矢印。ほかにもたくさん作りました。全部で十数種類のピクトグラムのデザインと、それを用いた案内サインを開発しました。当時はまだ印刷技術がほとんどなかった時代で、それまではペンキを使っての手書きのものがほとんどでした。私たちが使ったのは当時出始めたばかりの白色乳のアクリル板。それを表示面として、ピクトグラムは色付きのアクリル板を10枚ほど重ねて、糸のこで切り抜き、それを貼り付けて看板を作りました。

――村越さんが考えられたピクトグラムによって、羽田空港は劇的に変わったのではないでしょうか？

いえいえ、劇的にというわけではなかったと思いますが、東京オリンピックをきっかけにして、世界のピクトグラムが統一されていく方向へと進んでいったと思います。

――村越さんは、その一端を担ったお一人だったわけですね。

ありがとうございます。そうであったら、嬉しいですね。でも、本当にやりがいのある面白い仕事でしたよ。こちらが提案したものを、大学生に市場調査をお願いして本当にひと目でわかるものかどうかを調べたり、さまざまな方と「あぁでもない、こうでもない」と話し合いながら試行錯誤していったんです。そうやって、とにかく「見やすさを」を追求しました。私自身、デザイナーとしての名誉には興味がなくて、私の名前が売れようが売れまいが、構わない。とにかく、「この空間を利用する人々の流れがスムーズになるようにしたい」ということだけを考えてやっていました。

――村越さんは、どこでどのようにしてデザイン案が生まれることが多いのでしょうか？

私が透視図を描く場合は、製図版と向き合いながら、自分自身がその空間にいることをイメージし、T定規と三角定規を使って、鉛筆で描き出していきます。まぁ、今は何でもパソコンの時代ですから、私のようなやり方をする人はいなくなったと思いますけどね。私は自分の手で描いたデザインをスタッフにスキャンしてもらい、それをパソコンの画面でチェックするという工程を経るわけですが、意図するものがパソコンでは表現できずに悩むことも少なくありません。確かにモノづくりにおいて効率化を図ることは重要です。しかし、デザイン、特に公共的サインというのは一般生活と密着に関わるもの。それを全てパソコンのモニター上で表現するというのは、いささか無理があるように思います。いずれにしても、全て自分の手作業でデザインを生み出していた、あの当時のことが今では懐かしいですね。

「半永久的に継承される道案内人」人生の始まり

――オリンピック開幕前からは、続々と各国の選手団も含めて訪日客が羽田空港に降り立ったわけですが、やはり海外の人たちがどんな反応を示すかは気になりましたか？

そうですね。やはり、気になりましたね。私たちとしては「これで大丈夫」と準備万端という気持ちで迎えたわけですが、実は、多くの苦情もいただいたんです。直接何かを言われたことはありませんでしたが、間接的にはいろいろと耳にしましたね。例えば、迷子センターは、私の友人のデザイナーが泣いている女の子のピクトグラムのデザインをしました。ところが、「なぜ男の子ではなく、女の子なのか」という苦情もあったそうです。

――村越さんとしては、どんなことを一番大事にしてピクトグラムを製作されたのでしょうか？

一番は「わかりやすさ」という点です。例えば、飛行機の搭乗口の方向を示すピクトグラムは、飛行機と矢印を使っていて、「この矢印に沿っていけば、飛行機に乗ることができますよ」ということを示しているんです。ところが、飛行機と矢印の向きがそろっていなくて、反対では進む方向がわからないものになってしまいます。また、ピクトグラムと情報の主となる文字の組み合わせにも気を遣いました。本当に小さなことですが、そういうところにまで気を配って、とにかく「単純さ」と「わかりやすさ」を大事にして作りました。

――デザイナーは、ひとりよがりではなく、利用者の気持ちを一番に考え、あるいは予測をしてサインを作ることが大事なんですね。

はい、そうです。例えば、空港のピクトグラムを作る場合は、頭を真っ白にした状態で、自分自身が海外から来た旅人になったつもりで考えることが一番大事だと思います。私のそういう発想は、やはり子どもの頃に満州で生活をしていたことが大きく影響しているのではないかと思いますね。日本にいれば日本語が通じますから、そういった発想はなかったと思いますが、

新東京国際空港（現・成田国際空港）用に開発された各種ピクトグラム

満州ではお互いの言葉が通じない中で遊んだり交流することが少なくありませんでした。ですから、常に相手の気持ちを想像するような習慣があったんです。その経験が、デザイナーとして生かされたのかなと思います。こうした国境を越えた私のアイデンティティにちなんで、知人の外国人女性からは「あなたは『村越』というより、まるで『国越』ですね」と言われたりしました。

——羽田空港の看板が全て完成した後、師匠の勝見さんからはどんなお言葉がありましたか？

「よくやったね」とは言われましたが、その後にこんな助言をいただきました。「ただ、時代は変わっていくから、いろいろなものの形も変わっていく。そうした中で、サインもその時代に見合ったものに変えていかなければいけないからね」と。なるほど、と思いました。今振り返ると、例えば電話が代表例ですが、東京オリンピックの時代から、モノの形は本当に変わりましたからね。「さすが勝見先生。先見の明があるな」と感心しました。

——東京オリンピックは、村越さんにとってデザイナーとしての新しいスタートとなったといえるのではないでしょうか？

そうですね。公共的サインに対して、のめりこんでいく大きなきっかけになったと思います。

――「公共的サイン」とは、多くの人に役立つものですよね。

その通りです。一過性のものではなく、「半永久的に継承される道案内人」ということが私の役割だと考えています。ですから、今もお金になる仕事なのかどうかではなく、これは公共的に必要とされるものなのかどうかということを考えています。公共という意味では、実は東京オリンピックでは、全ての作業を終えた後、組織委員会からは「ピクトグラムの著作権を放棄してほしい」という旨の依頼がありました。勝見先生は私たちデザイナーにこう言われました。「君たちの仕事は誠に素晴らしかった。しかし、これは社会に還元するもの。誰が描いたのかではなく、私たちは日本人としてやるべき仕事をやったということです」。その言葉に賛同し、私たちデザイナーは、東京オリンピックのために作った「ピクトグラム」のデザインの著作権を全て放棄したんです。全ては「日本のために」という気持ちがあったので、誰も異論を唱える人はいませんでした。もし、一人でも著作権料を要求し、個人の財産としていたら、ピクトグラムの「国際リレー」はなかったかもしれませんね。

――村越さんのデザイナー人生の中でも、東京オリンピックはインパクトの強いものとなったのではないでしょうか。

おっしゃる通りです。東京オリンピックで羽田空港を担当したことによって、その後は関西の伊丹空港や阪神電鉄、京阪電鉄、東京メトロといった公共交通の仕事を多く手がけました。

――東京オリンピックで考案された「ピクトグラム」に対する世界的な評価はどうだったのでしょうか？

それは勝見先生のご尽力によって、非常に高く評価されていたと思います。スイスの有名なグラフィックデザインの専門誌『GRAPHIS（グラフィス）』では、こう記されています。〈国際交通標識の提案（1949年）は、部分的な成功をおさめた実例であるが、この種のシンボルは、あらゆる人種と文明形態のなかでたやすく識別されなければならないし、行政当局や一般市民によって価値を認められ、実際に使用されなければならない。こうした課題の全てが1964年の東京オリンピックに際して、するどく提起された。旅行者で日本語のわかる人は例外であり、また日本では、別の外国語が普及しているわけではない。90カ国以上の参加者にとってこの問題を真剣に考え、勝見先生をリーダーとする一群の若いデザイナーたちが、スポーツをはじめ各種の施設のためのシンボルのデザインにあたったが、これらのシンボルが、次の大会にも採用されることによって、万国共有の視覚言語として完全なものに磨き上げられることを望んでいる〉

日本人はもともとデザインが得意な民族なのかもしれません。というのは、日本には家紋があって、非常に優れたデザインのものが多いですからね。

いつの時代も変わらない「単純化」「シンプルさ」の重要性

——１９６４年東京オリンピックに関わられた村越さんとしては、56年ぶりに開催される２０２０年東京オリンピックは、どんな大会になってほしいと思っていますか？

いやぁ、本当にすごいことですよね。まさか、二度目の東京オリンピックを迎えることになるとは、56年前には想像もできませんでしたから（笑）。とにかく、みんなにとっていいオリンピックになってほしいなと思います。それにしても、選手はすごいですよね。陸上や水泳といったタイムを競う競技では、わずか0.01秒差を争うわけですよね。本当に尊敬します。そうそう、先日新聞記事で読みましたが、体操では「3Dレーザセンサー」というシステムで、審判を支援するとか。空中で何回転したのか、もはや人間の肉眼では正確な判定が難しいそうですね。本当にすごい時代になりました。

——２０１５年には、２０２０東京オリンピック・パラリンピックにおけるエンブレムの盗用問題が起きました。同じデザインの世界に生きる先輩としては、どのような目で見られていたのでしょうか?

「真似をする」というと誤解がありますが、やはり何かを「参考にする」ということは、デザインの世界にはあることです。そこからそれぞれの発想でデザインを描いていくわけですからね。もちろん、それをそのままコピーするというのは絶対にしてはいけませんが、「これは面白いな」と思ったものを参考にしてアイディアを生み出すことは、よくあること。ですから、あの「エンブレム問題」では、ちょっとデザイナーがかわいそうだなと思いながら見ていました。あれを「盗用」とされては、デザイナーとしては厳しいなと感じました。

——デザインの世界においては、1964年東京オリンピックのピクトグラムが世界に広がり、統一化のきっかけとなったわけですが、2020年ではどのようなデザインを期待されていますか?

若い人たちがどのようなデザインを製作するのか、やはり期待もしていますし、楽しみですよね。体操のように、競技はどんどんアクロバティックに変化していますから、デザインもそれに伴っていくのかもしれませんね。ただ、「わかりやすさ」だけは失ってほしくないと思います。どんなに凝ったデザインでも、見た人が何を示しているものかひと目でわからなければ、

紆余曲折を経て2016年4月に発表された2020東京大会のエンブレム
（左・王貞治、右・宮田亮平）

それこそ公共的サインとしては本末転倒になってしまいますからね。複雑化は、かえってサインの良さ、役割をないがしろにしてしまう危険性があるように思います。ですから、やはり「単純化」「シンプルさ」が重要ではないかなと。いずれにしても、オリンピックデザインの国際リレーがどのように行なわれていくのか、ということには興味を持って注目していきたいと思っています。

村越愛策氏 略歴

年	オリンピック関連・世相	村越氏略歴
1928 昭和3	夏季：アムステルダムオリンピック／冬季：サンモリッツオリンピック開催	
1931 昭和6		村越愛策氏、満州に生まれる
1932 昭和7	夏季：ロサンゼルスオリンピック開催 冬季：レークプラシッドオリンピック開催	
1936 昭和11	夏季：ベルリンオリンピック開催 冬季：ガルミッシュ・パルテンキルヘンオリンピック開催	
1940 昭和15	第二次世界大戦でオリンピック中止	
1944 昭和19	第二次世界大戦でオリンピック中止	
1945 昭和20	第二次世界大戦が終戦	
1946 昭和21		満州から日本に引き揚げる
1947 昭和22	日本国憲法が施行	
1948 昭和23	夏季：ロンドンオリンピック／冬季：サンモリッツオリンピック開催	
1950 昭和25	朝鮮戦争が勃発	
1951 昭和26	日米安全保障条約を締結	
1952 昭和27	夏季：ヘルシンキオリンピック／冬季：オスロオリンピック開催	
1955 昭和30	日本の高度経済成長の開始	
1956 昭和31	夏季：メルボルンオリンピック／冬季：コルチナ・ダンペッツォオリンピック開催	千葉大学工学部工業意匠科を卒業。以後、フリーのデザイナーとして活動する
1959 昭和34	1964年東京オリンピック開催決定	
1960 昭和35	夏季：ローマオリンピック／冬季：スコーバレーオリンピック開催 ローマで第9回国際ストーク・マンデビル競技大会が開催	
1964 昭和39	夏季：東京オリンピック・パラリンピック開催 冬季：インスブルックオリンピック開催 東海道新幹線が開業	東京オリンピック・パラリンピックの大会組織委員会メンバーとして、東京国際空港（羽田）のサインデザインを手掛ける

1968 昭和43	夏季：メキシコオリンピック／テルアビブパラリンピック開催 冬季：グルノーブルオリンピック開催	
1969 昭和44	日本陸上競技連盟の青木半治理事長が、日本体育協会の専務理事、日本オリンピック委員会（JOC）の委員長に就任 アポロ11号が人類初の月面有人着陸	
1971 昭和46		村越愛策デザイン事務所を設立
1972 昭和47	夏季：ミュンヘンオリンピック／ハイデルベルクパラリンピック開催 冬季：札幌オリンピック開催	
1973 昭和48	オイルショックが始まる	
1976 昭和51	夏季：モントリオールオリンピック／トロントパラリンピック開催 冬季：インスブルックオリンピック開催 ロッキード事件が表面化	
1978 昭和53	8カ国陸上（アメリカ・ソ連・西ドイツ・イギリス・フランス・イタリア・ポーランド・日本）開催 日中平和友好条約を調印	
1980 昭和55	夏季：モスクワオリンピック開催（日本はボイコット） 夏季：アーネムパラリンピック 冬季：レークプラシッドオリンピック／ヤイロパラリンピック開催 冬季パラ大会への日本人初参加	ISO図記号国内対策委員会案内用分科会主査に就任
1982 昭和57	東北、上越新幹線が開業	
1984 昭和59	夏季：ロサンゼルスオリンピック開催 夏季：ニューヨーク、ストーク・マンデビルパラリンピック開催 冬季：サラエボオリンピック／インスブルックパラリンピック開催	
1988 昭和63	夏季：ソウルオリンピック・パラリンピック開催 冬季：カルガリーオリンピック／インスブルックパラリンピック開催	成田空港第2ターミナルビルのサイン実施設計を担当
1990 平成2		JR東海新幹線駅におけるサイン計画を担当

1992 平成4	夏季：バルセロナオリンピック・パラリンピック開催 冬季：アルベールビルオリンピック開催 冬季：ティーニュ、アルベールビルパラリンピック開催	千葉大学教授に就任
1994 平成6	冬季：リレハンメルオリンピック・パラリンピック開催	JR西日本関西空港駅のサインデザインを担当
1995 平成7	阪神・淡路大震災が発生	
1996 平成8	夏季：アトランタオリンピック・パラリンピック開催	
1997 平成9	香港が中国に返還される	
1998 平成10	冬季：長野オリンピック・パラリンピック開催	
2000 平成12	夏季：シドニーオリンピック・パラリンピック開催	
2001 平成13		JIS案内用図記号原案作成委員会の委員長に就任
2002 平成14	冬季：ソルトレークシティオリンピック・パラリンピック開催	
2004 平成16	夏季：アテネオリンピック・パラリンピック開催	
2006 平成18	冬季：トリノオリンピック・パラリンピック開催	
2007 平成19	第1回東京マラソン開催	
2008 平成20	夏季：北京オリンピック・パラリンピック開催 リーマンショックが起こる	JR東海新横浜駅のサインデザインを担当
2010 平成22	冬季：バンクーバーオリンピック・パラリンピック開催	
2011 平成23	東日本大震災が発生	
2012 平成24	夏季：ロンドンオリンピック・パラリンピック開催 2020年東京オリンピック・パラリンピック開催決定	
2014 平成26	冬季：ソチオリンピック・パラリンピック開催	
2016 平成28	夏季：リオデジャネイロオリンピック・パラリンピック開催	
2018 平成30	冬季：平昌オリンピック・パラリンピック開催	

第8章

人生の転機となった「1964年東京パラリンピック」

吉田紗栄子

Yoshida Saeko

日本女子大学３年生の時に、1964年東京オリンピック・パラリンピックを迎えた吉田紗栄子氏は、オリンピックでは競技会場の英語通訳を、パラリンピックではイタリア選手団の通訳ボランティアを務めました。オリンピックからパラリンピックへ移行する最中で目にした「障がい者のための改築工事」が、その後の人生に大きく影響したという吉田氏。オリンピック、パラリンピックともに関わった貴重な存在である吉田氏にお話を伺いました。

吉田 紗栄子(よしだ・さえこ)1943年生まれ。一級建築士。日本女子大学家政学部住居学科を卒業後、日本大学木下茂徳教授に師事し、同大理工学部博士前期課程修了。一貫して障がいをもつ人々や高齢者の住環境設計に従事。現在、アトリエ ユニ代表取締役、NPO法人高齢社会の住まいをつくる会理事長などを務める。著書に「あんしんかいてきシルバー住宅」、「自分らしく住むためのバリアフリー」(共著)など。

聞き手／佐塚元章氏　　文／斉藤寿子　　構成・写真／フォート・キシモト
取材日／2018年1月19日

ローマから始まった「パラリンピック」との深い縁

――吉田さんが日本女子大学3年生の時に、1964年東京オリンピック・パラリンピックが開催されました。当時、吉田さんは何を専攻されていたのでしょうか？

日本女子大学家政学部住居学科で建築を学んでいました。「家政学部」と言えば、「衣服」「食」を学ぶところというイメージが強いと思うのですが、考えてみれば、「家政」というのは「衣食住」ですから「住まい」のことを学ぶところでもあるんです。ただ、当時「家政学部」に「住居学科」があったのは、日本女子大学と奈良女子大学だけで、とても珍しかったですね。

――「住まい」への関心は、何がきっかけだったのでしょうか？

私が小学6年生の時に、親戚に「住居学科」を卒業した女性が嫁いでこられたんです。その人の話が面白くて「かっこいい人だなぁ」と思ったんですね。それで、なんとなくその人が学んだという「住居学科」に憧れを抱いたんです。私は中学校から日本女子大学の附属に通っていたのですが、高校2年、3年の時には日本女子大学家政学部にある住居学科に行きたいなと思っていました。決め手となったのは、1959年、私が高校2年の時に訪れたイタリアのローマで見た建築物でした。当時、父がローマに単身赴任をしていまして、夏休みにローマに遊びに行ったんです。途中、給油地だった香港で整備のために出航が10時間ほど遅れたこともあって、ローマに到着したのは明け方でした。空港には父が車で迎えに来てくれていて、その車で父が住む街へと向かったのですが、その途中でアッピア街道という古代ローマ時代に造られた道を走っていた時、窓から橋のような建築物が見えたんです。父に「あれは何？」と聞いたら、「古代ローマ時代の水道橋で、今でも使われているんだよ」と教えてくれました。その話を聞いた時に「あぁ、建築というのは、これほど長く歴史に残るものを造ることなんだな。私もそういう仕事がしたいな」と思ったんです。それで建築の道に進むことを決めました。

――そのローマでは、翌１９６０年にオリンピックが開催されました。

実は、私は翌年、１年間高校を休学して、ローマに父と住んでいました。ですから、ちょうどオリンピックが開催されていた期間も現地にいましたので、いくつか競技を見に行きました。

――オリンピックの後には、同じローマで「第1回パラリンピック」が開催されました。パラリンピックについて記憶に残っていることはありますか？

はい、あります。初めてオリンピックと同じ開催年、開催国で実施された大会ということで、

車いすを対象としたストーク・マンデビル競技大会

今では1960年ローマ大会が「第1回パラリンピック」とされていますが、当時は「パラリンピック」とは呼ばれていなくて、「国際ストーク・マンデビル競技大会」という名称で開催されていました。それまで私は障がい者の国際スポーツ大会があること自体を知らなかったのですが、共同通信特派員の奥さまの渡辺華子さんという方が「このオリンピックが終わったら、障がい者の大会があるのよ」とお話されていたのを聞いて、「そういう大会があるんだなぁ」と初めて知ったんです。そして、なぜかとても強く印象に残ったんですね。残念ながら、ローマで開催されたパラリンピックを直接見ることはできなかったのですが、今思うと、それがパラリンピックとの深い縁

代々木の織田フィールドで行なわれた1964年東京パラリンピック開会式

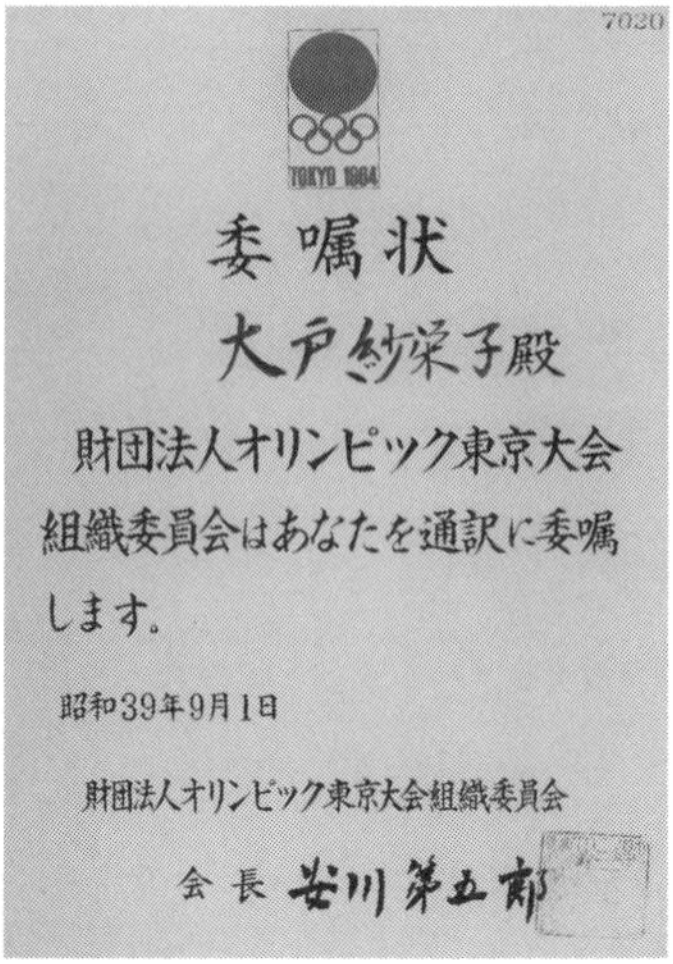
7020
TOKYO 1964

委嘱状

大戸紗栄子殿

財団法人オリンピック東京大会組織委員会はあなたを通訳に委嘱します。

昭和39年9月1日

財団法人オリンピック東京大会組織委員会

会長 安川第五郎

1964年東京大会組織委員会から交付された“通訳”の委嘱状

の始まりだったのかなと思います。

――その4年後の1964年に東京オリンピック・パラリンピックが開催され、吉田さんはオリンピック、パラリンピックともに通訳を担当されました。

開幕1年前の1963年に、東京オリンピックでの通訳の募集があったんです。それに私が応募をして、試験を受けました。幸いなことに合格をしたのですが、大会期間の2週間ほど、大学の授業を休まなければいけなかったんです。それで東京オリンピック組織委員会からいただいた書類を大学に届けて、公休にしていただいたのですが、その時に「家政学部では、あなたが一人です」と言われました（笑）。文学部にはたくさんいらっしゃったと思うのですが、家政学部で「通訳」というのは確かに珍しかったと思います。

――10月10日の開会式はどこで見られていたんですか？

スタンドの上の方でしたけれども、国立競技場で見ていました。印象に残っているのは、やっぱり航空自衛隊のブルーインパルスが青空に5色の五輪のマークを描いたシーンや、聖火台に点火された瞬間ですね。今でも、競技場に鳴り響いたファンファーレの音は耳に残っています。

――東京オリンピックでは、どのような仕事をされたのでしょうか？

私は英語の通訳担当として、駒沢オリンピック公園総合運動場の「会場係」というところに配属されました。当初はバレーボール会場の担当だったのですが、「東洋の魔女」と言われた全日本女子が金メダルを期待されていて、すごく盛り上がっていたので、友人がすごくうらやましがったんです。私はあまりスポーツのことがわからなくて、どの競技がいいなんてことは特にありませんでした。ですから、「じゃあ、替わりましょう」と言って、友人と担当を交換したんです。それで私が担当することになったのが、「陸上ホッケー」だったのですが、私としてもかえって良かったんです。というのも、私の弟が高校時代にホッケーをやっていましたし、ローマオリンピックの時には私が住んでいたローマの自宅にホッケーの日本代表チームを招待してお世話したこともあって、私にとっては親しみのあるスポーツでした。ローマでお会いした選手にも何人かお会いできるということで、むしろ替えてもらって嬉しかったですね。

初めて目にした「バリアフリー化」が「人生の仕事」に

――オリンピックに続いて、パラリンピックでも通訳を務められました。これは、どのようなきっかけだったのでしょうか？

オリンピックでは「ボランティア」ではなく、きちんと報酬が支払われる「アルバイト」でした。一方、パラリンピックの方は奉仕で、まさに「ボランティア」。オリンピックのように公募があったわけではなく、日本赤十字（日赤）が集めたメンバーで構成されました。当時日赤の青少年課長だった橋本祐子（さちこ）さんが海外に行かれた時に、大会運営委員会会長で元厚生事務次官の葛西嘉資（よしすけ）さんと飛行機が一緒になったそうなんです。その時に、橋本さんは葛西さんから「今度、東京でパラリンピックという障がい者のスポーツ大会が開催されるので、通訳が必要だ。しかし、単に言葉を通訳すればいいというものではなくて、障がいのある人たちのことを理解していないといけない。そういう人たちの組織を作ってもらえないだろうか」と頼まれたそうです。これまで私たち通訳を担当した仲間の間で語り継がれていたのは、日赤で翻訳奉仕として活躍されていた「6人」に、橋本先生が「あなたたちが、一人10人さがしてくれれば、60人になる」と言って、その6人が知人を介して声をかけられていって集まったのが東京パラリンピックの通訳ボランティアメンバーだったとされていて、私たちの間では「伝説の6人」とされていたんです。しかし、最近になってわかったことですが、「6人」ではなく、語学奉仕団の部屋には6つの席があって、何人かが日替わりで担当されていたそうなんです。それで、橋本先生はその日替わりで来たメンバーにいつも「通訳を集めてきなさい」と言われていたそうで、そうして集まったのが、私たち東京パラリンピックの通訳ボランティアのメンバーだったんです。語学奉仕団のメンバーは学生でしたので、大学の友人や知人をつたって広がっていき、それで私も日赤で翻訳ボランティアをしていた友人に声をかけられたんです。ほかには、早稲田、慶應、青山学院などの学生がいました。

――友人から誘われた時、どう思われましたか？

お話した通り、私はローマの時に障がい者スポーツの国際大会が開かれていることは知っていましたから、友人から「パラリンピックの通訳ボランティアをしない？」と言われた時には、「あ、あの時、渡辺さんが言っていた大会のことだな」と自分の中でスッとつながったので、「いいわよ」と迷うことなく引き受けました。

——パラリンピック開幕前には、研修会などはあったのでしょうか？

はい、ありました。いくつかのグループに分かれて、語学だけでなく、障がいのある方たちについての勉強会を週に1回行なっていました。私は、橋本先生のご自宅で開かれていた勉強会に参加していました。英語の講師は日本に駐留していた米軍のご婦人たちがボランティアでしてくださっていましたね。

——通訳と言っても、パラリンピックの場合は、障がいのある選手たちへのサポートも大事な仕事の一つだったんですね。

そうですね。むしろサポートが一番の仕事で、相手が海外から来られた方たちだから通訳も、という感じだったと思います。

——オリンピックからパラリンピックへと移行する際、その準備というのはどのように行なわ

1964年東京パラリンピックの二部として開催された国内大会開会式における選手宣誓

れたのでしょうか？

聞くところによると、当初は駒沢の競技場でパラリンピックの開会式を行なおうとしていたそうなんです。当時はまだ海外でも珍しいリフト付きの大型バスが9台用意されていたのですが、駒沢の競技場はバリアフリーになっておらず、段になっているところがたくさんあって、競技場までの輸送はできても、競技場内での選手団の移動は困難を極めると。それで、開会式もメイン会場の代々木公園陸上競技場（織田フィールド）で行なわれることになったそうです。

私自身は入村式の前日から選手村に宿泊していました。インフォメーションセンターや食堂があるメインビルは一階の部分が高くなっていて、階段を昇って一階の入り口

1964年東京パラリンピックにて自衛隊が設営したスロープの上を移動する選手たち

に辿りつくような構造になっていました。その階段部分に、自衛隊の人たちが長いスロープを造っていました。それから、選手たちの宿泊する場所は「バンガロー」と呼ばれた戸建ての住宅だったのですが、やはり入るには2、3段の階段があったので、そこにもスロープを付けていましたね。また、車いすで出入りするのに幅が足りないようなところは、ドアを外してしまって、カーテンが付けられるということもしていました。そういった光景を見ながら、「あぁ、障がいのある方たちに対しての建築というものもあるんだな」ということを学んだんです。それが、その後の私の人生を決めたと言っても過言ではありません。

――そのような障がいのある方たち向けの建築というのは、その時代に日本にあったのでしょうか？

いえいえ、ありませんでした。ですから開幕の1年ほど前から、担当者が障がい者スポーツの発祥の地であるイギリスの「ストーク・マンデビル病院国立脊髄損傷者センター」の施設を視察したりして勉強したそうです。当時、欧米には、車いすユーザーのためのドアや廊下の幅などの基準値というものがきちんとあって、ハードカバーの専門書も出されていましたので、そういうものを参考にしたのではないかと思います。

驚愕だった「障がい者事情」の違い

――1964年東京パラリンピックは二部構成で行なわれたそうですね。

日本選手団団長だった中村裕先生は、1961年から「大分県身体障がい者体育大会」を開催されていて、その大会では脊髄損傷者（脊損）だけでなく、そのほかの障がいのある方たちも参加していたんです。中村先生は東京パラリンピックもさまざまな障がいのある人たちが参加することのできる大会にしたいと考えておられたのですが、「障がい者スポーツの生みの親」

でパラリンピックの前身「国際障がい者スポーツ大会」を創設したイギリスのルートヴィヒ・グットマン博士は頑として「脊損者のためのスポーツ大会」ということを譲らなかったそうです。そこで仕方なく、中村先生はそれまで通り脊損者の国際スポーツ大会を一部とし、その後に二部として脊損者以外のスポーツ大会を開催しました。二部にも、わずかばかりですが、海外の選手も参加されたそうです。でも、結局、今ではパラリンピックは脊損者に限ったものではなくなっていますから、中村先生の先見性には本当に尊敬します。

——一部の大会には、21カ国378人の選手が参加し、日本からは53人の選手が出場しました。日本にとっては、どのような大会だったのでしょうか？

当時の日本では、障がいのある方がスポーツをするなんてことは、考えられませんでした。それどころか、外を出歩くこともなく、ほとんどの場合は施設で生活するのが当たり前だったんです。ですから、当時の日本に「選手」と呼べるような人は誰一人いませんでした。そんな中で、中村先生がご自分の病院の患者さんを中心に「あなたは陸上」「あなたは水泳」と言って、急きょ「日本選手団」を作ったんです。そんな感じですから、海外のチームと試合をやっても歯が立たないどころか、試合にならなかったそうです。これはある選手から聞いた話ですが、車いすバスケットボールではあまりにも日本チームが得点できないものだから、かわいそうになって、相手チームの選手がボールを渡してくれたそうなんです。それでもシュートが入らず、得点できなかったと……。

――吉田さんご自身、印象に強く残っていることはありますか？

私は水泳会場で目にしたシーンは未だに忘れることはできません。ある種目で、かなり遅れをとってしまった選手がいたんです。ほかの選手がみんなゴールした後も、おぼれそうになりながら懸命に泳いでいるんですね。見ているこちらがハラハラしてしまうくらいで、係の人が助けに行こうとすると、その選手のチームスタッフが「最後まで泳がせてほしい」と制止したんです。結局、相当な時間はかかりましたが、その選手は最後まで泳ぎきりました。すると、会場中から割れんばかりの大歓声と拍手が鳴り響いたんです。そのシーンは本当に感動的で、パラリンピックの姿として、私の心に強く刻まれています。現在では、パラリンピックもオリンピック同様に競技性が強くなってきていますが、そもそも「パラリンピックの父」であるグットマン博士の有名な言葉に「失われたものを数えるな。残っているものを最大限に生かせ」というものがあるように、パラリンピックとは本来、そうした人間が挑戦する姿こそが伝えられていくべきものなのではないかなと思います。あの水泳でのシーンは、そういうパラリンピックの本来あるべき姿があったように感じられました。

1964年東京パラリンピック選手村でイタリア選手と

――吉田さんは、イタリア代表チームの通訳ボランティアを担当されたわけですが、当時の海外の選手というのはどのような様子だったのでしょうか？

大会期間中は、私たちボランティアも選手村で過ごしていましたので、まさに選手たちとともに生活するという感じだったのですが、それまで私が抱いていた「障がい者」のイメージとは全く違っていました。少なくとも、私が担当したイタリア選手団は、みんな明るくて、聞けば、会社で働いていて、結婚もしていて、と健常者と同じような生活をしているというんです。スポーツもその一つだと。それを聞いて、あまりの日本人選手との違いに、驚きました。私自身、イタリアの選手を「障がい者」と

1964年東京パラリンピック選手村でイタリア選手と

して接してはいなくて、みんな名前で呼び合っていましたし、純粋に人と人との付き合いという感じでした。たまたま車いすに乗っているというだけだったんです。

今考えてみると、こうした経験がその後の私にとってはとても重要だったと思います。建築士になって約50年、これまで障がいのある方の住宅もたくさん設計してきましたが、「障がいがあるから」ということが重要ではないと思ってきました。確かに障がいは一つの条件ではありますが、「障がい者」のために作っているわけではなく、「○○さん」のための住宅を作っているんだという考えでやってきたんです。そういうふうに考えられたのは、最初に障がいのある方に接したのが、あの東京パラリンピックでのイタリア選手団とだったからだと思います。

――大会期間中、選手団と東京見物に出かけたりもされたんですか？

はい、しました。私の親戚に車を出してもらったり、あるいはタクシーをつかまえて、一緒に出掛けました。車いすをたたんで、なんとか車に乗ってという感じでしたね。

――一方、日本人選手はどのような様子だったのでしょうか？

海外の選手とはまるで違っていたと思います。そもそも、それまで施設内で生活をしていた人たちが、急に外に出てきたという感じだったと思いますからね。ですから、海外の選手たちの姿を見たり話を聞いて、自分たちが置かれている環境とのあまりの違いに、相当なショックを受けたと聞いています。そういう方たちが、その後、「自分たちも」ということで立ちあがったことで、日本の障がい者の環境が変わっていったんです。ですから、１９６４年というのは、日本の障がい者にとって、大きなターニングポイントになったことは間違いありません。

――後に吉田さんがご専門とされる「バリアフリー」という点においても、１９６４年の東京パラリンピックは時代を動かした大きな出来事だったと言えるわけですね。

そうだと思います。１９８０年代くらいまでは、「バリアフリー」という概念はそれほど大きな広がりはなかったかもしれませんが、１９６４年がスタート地点だったということは言えると思います。

親戚の結婚式で遭遇した「１９６４年つながり」

——それにしても、吉田さんはパラリンピックとの縁が深いですね。１９６０年にはローマに、１９６４年には東京に住んでいらっしゃったのは、まさに「運命」ですよね。

そう思います。本当に自分はパラリンピックと運命的に強く結びつきがあるなぁと感じた出来事がありました。私の大伯父がオーストラリア人の女性と結婚をし、母の従妹もイギリス人と結婚をしたんです。その娘さんが私の又従妹にあたるのですが、その又従妹が再婚する時に親戚代表として結婚式に出席するためにイギリスに行ったんです。それで、又従妹が迎えに来てくれた車に乗っている時に、道中でストーク・マンデビル病院がある「Ａｙｌｅｓｂｕｒｙ」という標識を見つけ、「東京パラリンピックの翌年（１９６５年）、日本人選手のサポートで、ストーク・マンデビル病院の施設内で行なわれた大会のために、この場所を訪れたことがあったなぁ」と、懐かしく思い出していました。そうしたところ、又従妹の自宅に到着したら、家中にグットマン博士の写真が飾られていたんです。「どういうこと？」って又従妹に聞いたら、お相手の方、マイクというんですけど、彼はユーゴスラビアの内戦の時に、イギリスから食糧を輸送するボランティアをしていて、その時に乗っていた車が爆撃に遭い、その時仲間の二人が亡くなったのですが、マイクだけは生き残ったと。ただ、脊損に加えて足も負傷し、ストーク・マンデビル病院に運ばれて、6年ほど入院していたそうなんです。その後、グットマン博士の偉業を称えて、銅像を作ることになった時には、リーダー役を務められたりもしたというんです。それでマイクに「私は、グットマン博士にお会いしたことがあって、パラリンピックでは何度か通訳のボランティアをしました」と伝えたら、「明日の結婚式には、1964年の東京パラリンピックにイギリス代表として出場した選手が来るよ」と教えてくれました。実際、結婚式当日に会場に車いすの方がいらっしゃったので、声をかけてみたら、「東京パラリンピックに出たよ」と。そしたら、そのお隣にいた年配の女性が「私も行ったわよ」と言うんですね。彼女は健常者の旦那さんと一緒に東京に行ったそうなのですが、選手村では部屋が旦那さんと別々だったそうです。それで事務局に行って、「私と夫を同部屋にしてほしい」と頼んだそうなんですけど、その時に事務局の人は「え？ ご結婚されているんですか？」と非常に驚かれていたと話されていました。3人で「あの時、同じ会場にいて、同じ空気を吸っていたのね」なんて盛り上がったのですが、まさか親戚の結婚式でパラリンピックの選手に二人も会えるなんて、本当に縁だなぁと思いました。

——1964年の後も、1972年ハイデルベルグ大会（当時西ドイツ）、1976年トロント大会（カナダ）と、パラリンピックにボランティアとして参加されました。

ハイデルベルグ大会では、同年に開催されたミュンヘンオリンピックの後に場所を移して、ハイデルベルグの障がい者スポーツセンターのような施設に選手村が用意されていて、競技会場もその周辺にありました。ですから、「バリアフリー」という点においては、特に問題はなかったと思います。一方、トロント大会も同年のモントリオールオリンピックの後に、場所を移して行なわれたのですが、郊外の学生寮を選手の宿泊場所として提供されていました。高層のマンションタイプになっていたのですが、困ったのはエレベーターの数が限られていたこと。サイズも大きくはないので、車いすでは何人も乗れないわけです。ですから、開会式や毎日の食事の時間といった、人が集中するような時間帯には、1時間ほど待たないとエレベーターに乗れませんでした。そうした経験からも、2020年東京パラリンピックでは、ぜひ低層階に車いすの人たちが利用する部屋を置くといった配慮のある構造にしてもらいたいなと思っています。

吉田紗栄子氏

超高齢社会につながる「選手をお茶に招ぼうプロジェクト」

――パラリンピックは社会にインパクトを与えるきっかけになると思われますか？

そうですね。私が一番大事だと思っているのは、子どもの時代に障がいのある人たちと接することなんです。障がい者に対する痛ましい事件をニュースで見聞きするたびに思うのは、表面上ではほとんどの人が「障がいの有無に関係なく、一人の人間」というようなことをおっしゃるけれど、根っこのところではやっぱり「自分と障がい者とは違う」というようなことを無意識に思ってしまっている部分ってあるんじゃないかなって思うんです。でも、そういう根っこの部分というのは、大人になってから変えようと思っても、なかなか難しいところがありますよね。ですから、先入観のない子どもの時から障がいのある人たちと接することで、受け入れる心を養ってほしいなと思うんです。それこそ2020年に東京パラリンピックが開催されることをきっかけに、子どもたちが障がいのある人たちを自然と受け入れて、もし困っている人がいたら、パッと手を差し伸べる、というようになってほしいなと。それこそ、障がいの有無に関係なく、誰しも「できないこと」「苦手なこと」ってありますよね。そんな時、誰かに手伝ってもらうことはあるわけです。そう考えれば、障がいのある人たちに手をさしのべることは、特別なことではなく普通のこと。そんなふうに考えられるようになったらいいなと思います。

――現在、2020年東京オリンピック・パラリンピックに向けて、さまざまな施設が新築・改築されていますが、日本のスポーツ施設における「バリアフリー化」については、どのように感じられていますか？

確かに日本のスポーツ施設の「バリアフリー化」は、以前よりも進んでいると思います。しかし、その一方で「きめ細やかさ」という部分においては、不足しているようにも感じられます。例えば、スタジアムのような大きなスポーツ施設には、車いす専用のシートが設けられていますが、どこも横に一列にスペースがとられていますよね。でも、考えてみると、スポーツって誰かと一緒に見に行くことが多いわけですよ。それなのに、車いすユーザーと健常者とが一緒に見ることができないようでは、楽しむことはできません。それと、車いすユーザーはある一定の決まった場所でしか見ることができないというのも、つまらないと思うんです。ですから、一カ所にかためるのではなく、さまざまな方向から見られるように車いすのシートを散らすというような工夫もしてほしいなと思います。日本人はとても真面目なので、規定で決められている通りにすることを良しとする傾向がありますが、実は建築で大事なのは規定ではな

2016年リオデジャネイロパラリンピック閉会式では2020東京大会が紹介された

くて、利用者がいかに心地よさを感じるかを考えることにあると私は思っています。ですから、規定にとらわれず、「こうすれば、こうかな、ああかな」と、建築業界の一人一人が考えて設計してもらえると嬉しいなと思います。

――1964年の東京パラリンピックではイタリア選手団の通訳ボランティアを務められたわけですが、今度の2020年東京パラリンピックには、どんなふうに関わっていきたいと思われていますか？

実は私は、2020年東京パラリンピックの開催が決定した時からぜひやりたいと思っていることがあるんです。それは、「パラリンピックの選手をお茶に招ぼうプロジエクト」。競技を終えたパラリンピック選手を、自宅に招待するんです。その時に、例えば車いすの選手が選手村から自宅まで公共交通機関を利用して来るとなった場合、どういうルートだったら来れるのか、逆に、この駅にはエレベーターがないからダメだとか、駅までの道が段が多くて危険だ、とかいろいろと考えなければいけないことが出てくるわけです。さらに、自宅の玄関から車いすに乗ったまま入れるのか、部屋の中はバリアフリーになっているか、トイレには行くことができるのか、ということも考えなければいけません。現状ではとても車いすの選手を招待するのは無理という家の方が多いと思いますが、だからといって、ダメだとかということを言いたいわけではないんです。車いすの選手が無理ならば、視覚障がい者や義足選手を招くことだってできるわけですからね。大事なことは、障がいのあるパラリンピック選手について考えることで、将来、自分たちが高齢者になった時にどうなのか、ということに気付くことなんです。そうすると、障がいのある人たちに対して、深く理解することができるのではないかなと。いくら「障がい者のことを理解しましょう」なんて口先だけで言っても、やっぱり他人事なんですよね。でも、高齢者になって、足腰が弱くなり、視力も悪くなった時のことを考えることで、当事者意識が芽生え、自分のこととして考えられるようになると思うんです。そして、ひいては住宅の設計も変わってくるはずで、「超高齢社会」の日本において、とても大事なことだと思いますので、ぜひ実現させたいと考えています。

第8章　人生の転機となった「1964年東京パラリンピック」　吉田紗栄子

吉田紗栄子氏　略歴

西暦	和暦	オリンピック関連・世相	吉田氏略歴
1936	昭和11	夏季：ベルリンオリンピック開催 冬季：ガルミッシュ・パルテンキルヘンオリンピック開催	
1940	昭和15	第二次世界大戦でオリンピック中止	
1943	昭和18		吉田紗栄子氏、東京都に生まれる
1944	昭和19	第二次世界大戦でオリンピック中止	
1945	昭和20	第二次世界大戦が終戦。1947（昭和22）年、日本国憲法施行	
1948	昭和23	夏季：ロンドンオリンピック／冬季：サンモリッツオリンピック開催	
1950	昭和25	朝鮮戦争が勃発	
1951	昭和26	日米安全保障条約を締結	
1952	昭和27	夏季：ヘルシンキオリンピック／冬季：オスロオリンピック開催	
1955	昭和30	日本の高度経済成長の開始	
1956	昭和31	夏季：メルボルンオリンピック／冬季：コルチナ・ダンペッツォオリンピック開催	
1959	昭和34	1964年東京オリンピック開催決定	
1960	昭和35	夏季：ローマオリンピック／冬季：スコーバレーオリンピック開催 ローマで第9回国際ストーク・マンデビル競技大会が開催	
1964	昭和39	夏季：東京オリンピック・パラリンピック開催 冬季：インスブルックオリンピック開催 東海道新幹線が開業	東京オリンピック・パラリンピックで通訳を担当。日本赤十字語学奉仕団のメンバーして、パラリンピックイタリア選手団付き語学ボランティアを務める
1965	昭和40		国際ストーク・マンデビル競技大会で日本代表の語学ボランティアとして参加
1966	昭和41		日本女子大学家政学部住居学科卒業。以後、障がいを持つ人々や高齢者の住環境設計を手がける
1968	昭和43	夏季：メキシコオリンピック／テルアビブパラリンピック開催 冬季：グルノーブルオリンピック開催	

1969　昭和44	日本陸上競技連盟の青木半治理事長が、日本体育協会の専務理事、日本オリンピック委員会（JOC）の委員長に就任 アポロ11号が人類初の月面有人着陸	
1970　昭和45		一級建築士の資格を取得
1972　昭和47	夏季：ミュンヘンオリンピック／ハイデルベルクパラリンピック開催 冬季：札幌オリンピック開催	ハイデルベルクパラリンピックで日本代表の語学ボランティアとして参加
1973　昭和48	オイルショックが始まる	
1976　昭和51	夏季：モントリオールオリンピック／トロントパラリンピック開催 冬季：インスブルックオリンピック開催 ロッキード事件が表面化	トロントパラリンピックで日本代表の語学ボランティアとして参加
1978　昭和53	8カ国陸上（米・ソ連・西独・英・仏・伊・波蘭・日本）開催 日中平和友好条約を調印	
1980　昭和55	夏季：モスクワオリンピック（日本はボイコット）／アーネムパラリンピック開催 冬季：レークプラシッドオリンピック／ヤイロパラリンピック開催 冬季パラ大会への日本人初参加	日本大学理工学部博士前期課程修了
1982　昭和57	東北、上越新幹線が開業	
1984　昭和59	夏季：ロサンゼルスオリンピック開催 夏季：ニューヨーク、ストーク・マンデビルパラリンピック開催 冬季：サラエボオリンピック／インスブルックパラリンピック開催	
1988　昭和63	夏季：ソウルオリンピック・パラリンピック開催 冬季：カルガリーオリンピック／インスブルックパラリンピック開催	
1992　平成4	夏季：バルセロナオリンピック・パラリンピック開催 冬季：アルベールビルオリンピック開催 冬季：ティーニュ、アルベールビルパラリンピック開催	
1994　平成6	冬季：リレハンメルオリンピック・パラリンピック開催	
1995　平成7	阪神・淡路大震災が発生	
1996　平成8	夏季：アトランタオリンピック・パラリンピック開催	

1997 平成9	香港が中国に返還される	
1998 平成10	冬季：長野オリンピック・パラリンピック開催	デイケアセンター「とよたひかりの丘」でJID賞。インテリアスペース部門特別賞を受賞
2000 平成12	夏季：シドニーオリンピック・パラリンピック開催	
2001 平成13		高齢社会の住まいをつくる会理事長に就任 住宅リフォーム・紛争処理支援センター「第18回住まいのリフォームコンクール」高齢者・障害者部門優秀賞を受賞
2002 平成14	冬季：ソルトレークシティオリンピック・パラリンピック開催	
2004 平成16	夏季：アテネオリンピック・パラリンピック開催	
2005 平成17		International Federation of Interior Architects & Designersより、長年にわたる障がい者、高齢者の住環境設計に対する「The provitaed iploma」を授与
2006 平成18	冬季：トリノオリンピック・パラリンピック開催	
2007 平成19	第1回東京マラソン開催	
2008 平成20	夏季：北京オリンピック・パラリンピック開催 リーマンショックが起こる	
2010 平成22	冬季：バンクーバーオリンピック・パラリンピック開催	
2011 平成23	東日本大震災が発生	
2012 平成24	夏季：ロンドンオリンピック・パラリンピック開催 2020年東京オリンピック・パラリンピック開催決定	
2013 平成25		一般社団法人ケアリングデザイン理事に就任
2014 平成26	冬季：ソチオリンピック・パラリンピック開催	
2016 平成28	夏季：リオデジャネイロオリンピック・パラリンピック開催	
2018 平成30	冬季：平昌オリンピック・パラリンピック開催	

第9章

「日本のために」という使命感があった選手村スタッフ

鈴木勇　遠藤澄枝

Suzuki Isamu　　Endo Sumie

1964年、東京都渋谷区の代々木に総面積66万㎡の巨大な敷地に設置された「選手村」。そこへ毎日のように出勤していたのが、料理人の鈴木勇さんと、理容師の遠藤澄枝さんです。日本人選手だけでなく、多くの海外選手の大きな支えとなった選手村スタッフの一員として大役を果たしたお二人に、当時の思い出についてお話をうかがいました。

鈴木 勇(すずき・いさむ)1940年生まれ。調理師。中学卒業後に、センターグリル野毛店でコックの修業を始める。1964年10月、東京オリンピック・選手村食堂でコックを務め、アジア向けの「富士食堂」に配属された。その後、センターグリル洋光台を開店し、現在に至る。
遠藤澄枝(えんどう・すみえ)1940年生まれ。理容師。中央高等理容学校を卒業後、1961年に理容師免許の国家試験に合格。1964年10月、当時珍しい女性理容師のひとりとして東京オリンピック・選手村理容店に勤務。大会後に結婚し、理容エンドウを営み、現在に至る。

聞き手／佐塚元章氏　文／斉藤寿子　構成・写真／フォート・キシモト
取材日／2018年2月14日

外国人への抵抗感なしも、イメージがわかなかった「オリンピック」

――まずお二人には、それぞれの職業に就かれた経緯をお伺いしたいと思います。遠藤さんが、理容師になられたきっかけは何だったのでしょうか？

遠藤 両親が床屋を営んでいまして共働きだったものですから、私は幼少の時から家事を手伝うのが日課でした。それが子ども心に嫌で嫌で、「いつかこの環境から逃げ出したい」と思っていたんです。父親からは「中学校を卒業したら、理容師になりなさい」と言われていたんですね。でも、高校には行きたいと思っていました。勉強ができる生徒ではなかったのですが、「高校3年間勉強してから、親の跡を継ぎます」と言って、なんとか高校にも合格して進学したんです。でも、周囲は私が進学することを良しとする人はほとんどいませんでした。「それほど勉強ができるわけでもないのに、なぜ？」って。だから今考えるとそんな周囲への反抗心からだったんでしょうね、「よし、見返してやるぞ」と思いまして、高校時代に勉強をして、当時は倍率5倍という大変な難関だった理容学校にも合格することができました。それで免許を取得して、卒業後は両親を手伝うようになりました。ところが、次々とインターン生がお店に入ってくるものですから、彼ら彼女らのご飯の支度なんかもしなければならなくて、もうそれはそれは嫌で仕方ありませんでした（笑）。

――ご実家は大きな床屋さんだったそうですね。何人くらいいらっしゃったんですか？

遠藤　お店は6台の椅子が並ぶくらいの大きさがありまして、従業員も常時6人はいるような感じでしたから、家族も含めて12人で生活をしていました。ただ、母があまり体が丈夫ではなかったんです。でも、お店をまわすためには、母も顔剃り専門として大事な働き手の一人でした。特に家の裏は花柳界で、そこの芸者さんたちがよく顔剃りに来られていたんですね。ですから、母も常にお店に出なければいけなかったんです。それで私が弟の面倒も、従業員の食事の支度もしなければなりませんでした。それでも高校にも進学させてもらいましたし、理容学校で免許も取ったわけですから、卒業後は観念して「わかったわ。もう、やってやりましょう」くらいの気持ちでいました。

――1964年東京オリンピックには、どのようにして関わりをもつようになったのでしょうか？

遠藤　当時、ちょうど父が理容組合のリーダー役を務めていまして、開幕の少し前に23区内に

東京オリンピック選手村開村式（1964年9月）

ある理容院からボランティアを募ったんです。本当はある程度の経験年数が必要ということで、免許を取得して5年以上の経験を持つ「25歳以上」ということだったのですが、実は私は当時24歳だったんです（笑）。父も組合の人たちと私のことは相談したと思うのですが、私が行くことになったのは本当にギリギリのタイミングで、どうしても人手が足りなくて、父が行くわけにはいかないので、私がということになったようです。父の方から「オリンピックの手伝いに行くか？」と言われた時には、それはもう嬉しかったですよ。「家から出られるならどこでも行く！」という感じでしたから、何の迷いもありませんでした（笑）。

――でも、外国人を相手にするということで、不安はありませんでしたか？

遠藤 私の実家は東京都中野区にありましたが、当時から近所には外国人の方が結構いまして、うちのお店にもよく来られていたんです。外国人の方はカットくらいで、日本人よりも簡単でした。日本語も片言でしたが通じていましたので、外国人に対して抵抗感を感じていなかったということも大きかったかもしれませんね。

――じゃあ、オリンピックの選手村の担当は、適任だったんですね。

遠藤 それはわかりませんが、でも当時の私は嬉しさしかありませんでした。家から出られるというのもありましたし、もう一つは同年代の同じ理容界の人と集まっていろいろと話をする機会が多くなって、それがとても楽しかったんです。それと、オリンピックではほかの方の仕事を見ることができるという期待感がありました。

――オリンピックについては、どんなものをイメージしていましたか？

遠藤 近所の大工さんや左官屋さんたちが、国立競技の建設現場に行っていて「とにかくすごいよ」という話を聞いていましたから、なんとなく東京や日本全体がオリンピックに向けて浮足立つというんでしょうか、そんな雰囲気は感じ取ってはいました。ただ、私自身はオリンピ

遠藤澄枝氏

ックがどういうものかというのは、全然わかりませんでした。自分が派遣される選手村も、どんなところか、さっぱりイメージできませんでした。

声をかけられたその日から住み込みで働き始めた洋食屋

――鈴木さんは、ご実家が神奈川県川崎市だったそうですが、どんなふうにして料理人の道を進むことになったのでしょうか？

鈴木　当時は、高校に進学する人はクラスで4、5人くらいしかいない時代で、私は裕福な家庭ではありませんでしたから、中学を卒業したら住み込みで働ける場所を探さなければいけませんでした。そうしたところ、横浜市に「ねぎしや」という和食のお店がありまして、そこのお子さんと私の姉が友人関係にあったので、まずそのお店に行ってみたんです。そしたら、そこのお店のご主人のご友人に洋食屋のチーフがいまして、その方が「ここは君のような若い子が働くような場所ではないから、うちに来なさい」と言って、その日にお店に連れて行ってくれたんです。それが後にのれん分けをしていただいた「センターグリル」という洋食店でした。その日から住み込みで働かせてもらうようになりました。中学を卒業し連れて行ってもらったその日から住み込みで働かせてもらうようになりました。中学を卒業したばかりの15歳のことです。

――料理人と言いますと、やはり器用でなければいけない気がしますが、仕事はご自身に合っていましたか？

鈴木　姉二人は、あまり食事の支度を手伝うことはしませんでしたが、私自身は好きで、よく町の共同の炊事場に行って手伝っていました。ですから、どちらかというと自分に向いていたんじゃないかなと思います。給料は安かったのですが、三食付きで、衣類や靴はお店が用意してくれましたし、床屋に行くのにもお店が散髪代を出してくれたので、自分で買うものと言えば下着くらいでしたから十分でした。両親も「食に関わる仕事がいいぞ」と言っていましたので、安心していたと思います。

――それから約10年後に１９６４年東京オリンピック開幕を迎えるわけですが、どんなことがきっかけで、オリンピック選手村の食堂で働くことになったのでしょうか？

鈴木　本来は、ホテルのシェフ３００人を集めるということになっていたのですが、10月というのはホテルにとっても多忙の時期で、２００人しか集まらなかったんです。そこで「全国レストラン協会」に声をかけまして、各都道府県から2名ずつ出すことになったわけです。

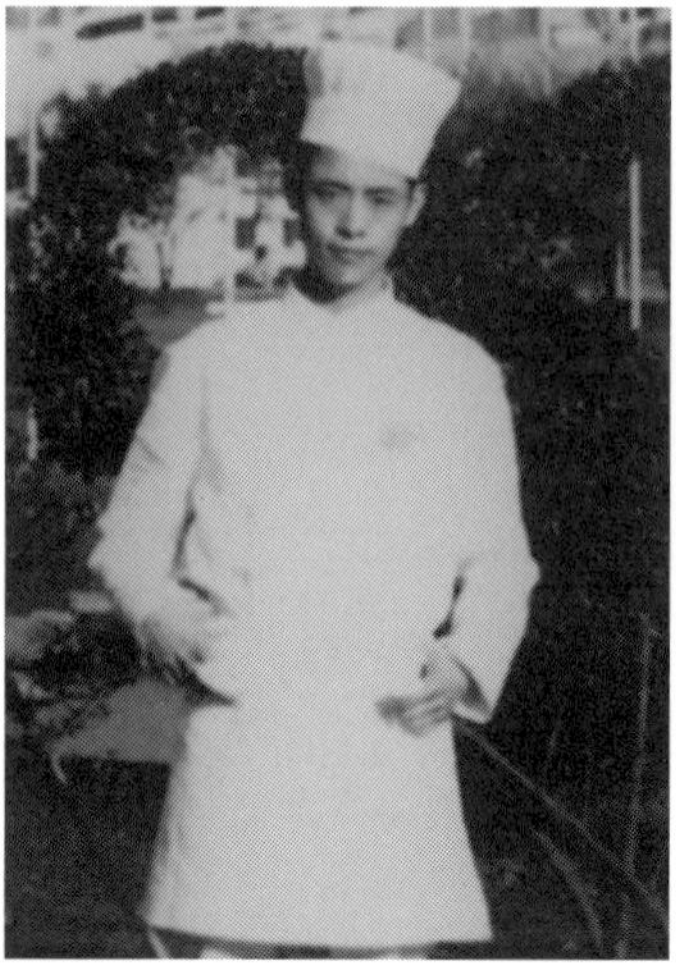
東京オリンピック選手村食堂勤務当時、
コック服に身を包んだ姿

選手村食堂風景

――では、若くて優秀な料理人の一人として神奈川県から選ばれたわけですね。

鈴木　いえいえ（笑）。聞くところによると、選手村では大勢で働くものですから、団体行動ができる人でお願いします、というようなことは言われていたみたいなんですね。それで私は体も小さいですし、すぐに「はい、はい」と言いますから、まぁそれで「団体行動を乱すようなことはしないだろう」と思われたんじゃないでしょうか。それと、実は東京オリンピック選手村の食堂の責任者だった、後の帝国ホテル料理長の村上信夫さんと、私が勤めていたお店「センターグリル」の社長はもともとお知り合いで、村上さんは社長を「先輩」と呼んで慕っていました。それもあって、社長がうちのお店からも誰かを出そうと思ったんじゃないでしょうか。社長には「勉強になるから」と言われて送り出されたのですが、選手村に設けられた3つの食堂のうち、ちょうど村上さんが率いる「富士食堂」に配属となりました。

——社長に声をかけられた時は、どう思いましたか？

鈴木　最初は半信半疑でした。というのも、お店には10人ほどの従業員がいまして、先輩たちはみんな「行きたい」と言っていたんです。ただ、チーフはもちろん、お店としては1番手、2番手の料理人を長期間出すわけにはいきませんから、それで私がちょうどいいポジションだったのではないでしょうか（笑）。ただ、「わかりました」と一つ返事で受けたものの、だんだん開幕が近づくにつれて、不安になっていきましたね。ホテルのシェフの働きぶりを直に見て勉強することができるという期待感もありましたが、「私で本当に大丈夫だろうか」という気持ちもありました。

——当時の日本人にとって、洋食はどのようなものだったのでしょうか？

鈴木　「これからは洋食」というような傾向があって、東京オリンピック開催は、それを加速させる一つの要因になったかと思います。私たち洋食界の先輩たちも「これからは和食より、洋食が流行る時代だぞ」と意気揚々という感じでした。私も「料理人であれば、フランス料理ができなければダメだ」と言われて、フランス語も勉強していました。

海外では珍しかった女性理容師

――選手村の理髪店には、どれくらいの人が働いていたんですか?

遠藤　30人ほどで、そのうち女性は3人でした。同じ通りには、デパートやテーラー、写真店、宝石屋と並んで理容室、美容室がありました。建物自体は、学校の校舎のようなもので、外から丸見えでしたね。

――用具は、全てそろっていたんですか?

遠藤　シャンプーや石鹸といったものはそろっていましたが、自分が使用するハサミやクシは、自分持ちでした。ですから、毎朝出勤する時には、必ず警備員に一つ一つチェックしてもらわなければいけませんでした。

――実際に、理髪室に来た海外の選手たちの様子はいかがでしたか?

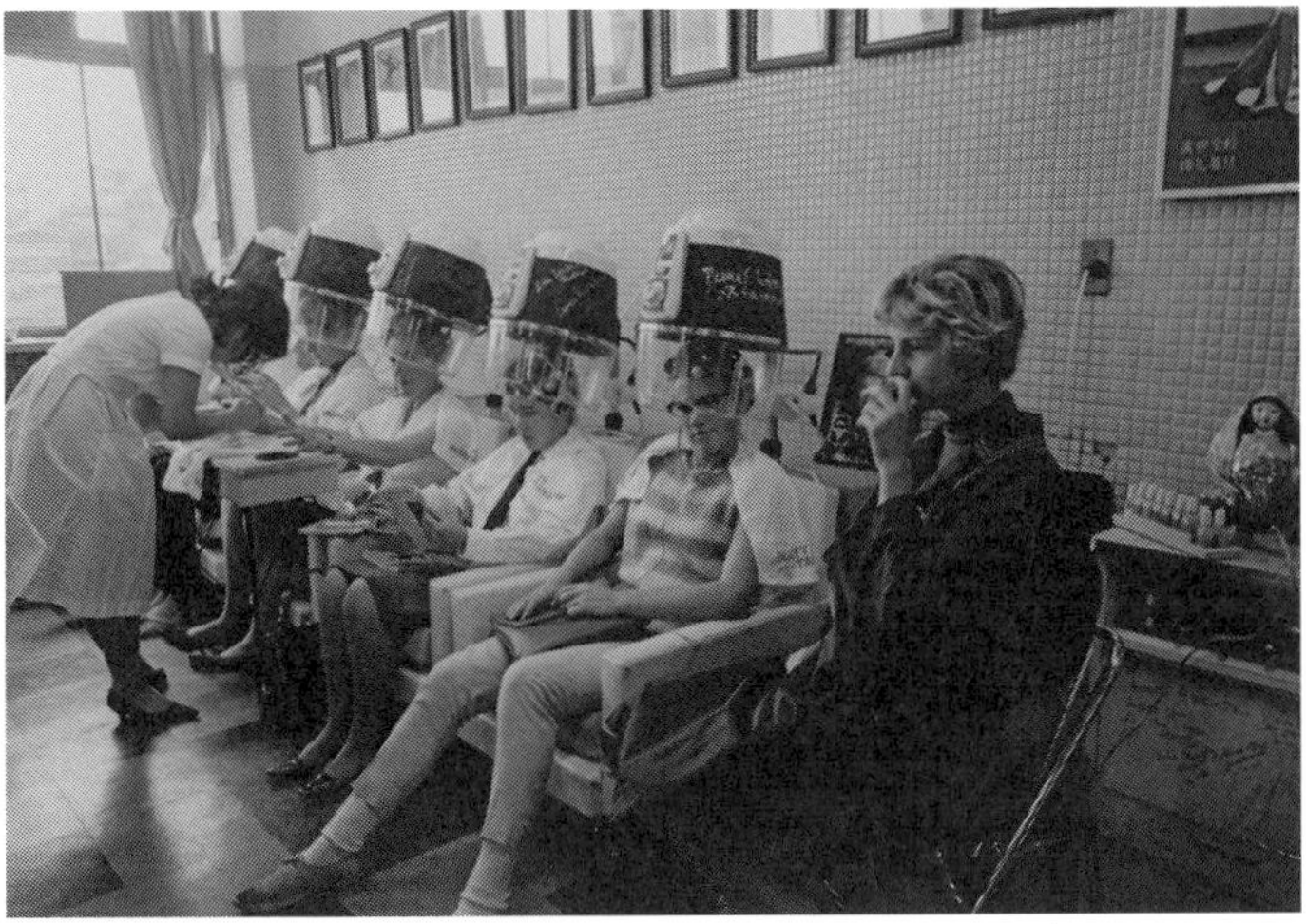

選手村内の美容室

遠藤　当時、国によっては女性の理髪師がいないところも少なくなくて、私たち女性が「どうぞ」と声をかけても、「No, No」と言って首を振る選手もいました。男性にしか髪の毛を触らせてくれなかったんです。私たち女性の理髪師にとって、一番のお客さんは自衛隊の人たちでした。特に開幕前は、あまり仕事がなかったんでしょうね。よく来てくれましたよ。ただ、自衛隊の方の髪の毛は短いですよね。短髪ほど難しいんです。ですから、私は結構苦手だったのですが、来る日も来る日もやるもんですから、徐々に馴れてきたんです。そうすると、その自衛隊の人たちのきれいに刈られている髪の毛を見て、海外の選手たちも「なんだ、女性でもうまくやれるじゃないか」というふうに思ってくれたみたいで、少しずつ私たち女性にもカットさせてくださる海外の方たちが増えていきました。思い出と言えば、夜8時が閉店時間だったのですが、ぎりぎりの時間になって選手村にあったディスコ帰りの選手がよく来ていましたね。上機嫌で見たことがないような大きな巨峰なんかをポケットから取り出して、私たち従業員にくれるんです（笑）。でも、私たちは帰りのバスに間に合わなくなりますから、「Close! Close!」と言って帰ってもらったりしたんですけどね。そうそう、毎日のようにお店に来ては私をスカウトしてくれたアルゼンチンの役員もいました。アルゼンチンには女性の理容師がいなかったみたいで、私が行けば結構話題になってお店も繁盛するだろうということだったみたいです。私自身は行きたい気持ちがありましたが、両親が許してくれなかったでしょうからね（笑）。アルゼンチン以外の外国の選手からもよく声をかけられました。それでチーフが心配をして、指輪を用意してくれたんです。「結婚指輪をしていれば、言い寄られることもないんじゃないか」ということで。大会期間中、ずっとその指輪をはめていました。

――組織委員会からは理容師に手引書が配布されたそうですが、どんなものだったのでしょうか？

遠藤　手引書には、英語やフランス語、イタリア語など、6カ国の言語と日本語で書かれてあ

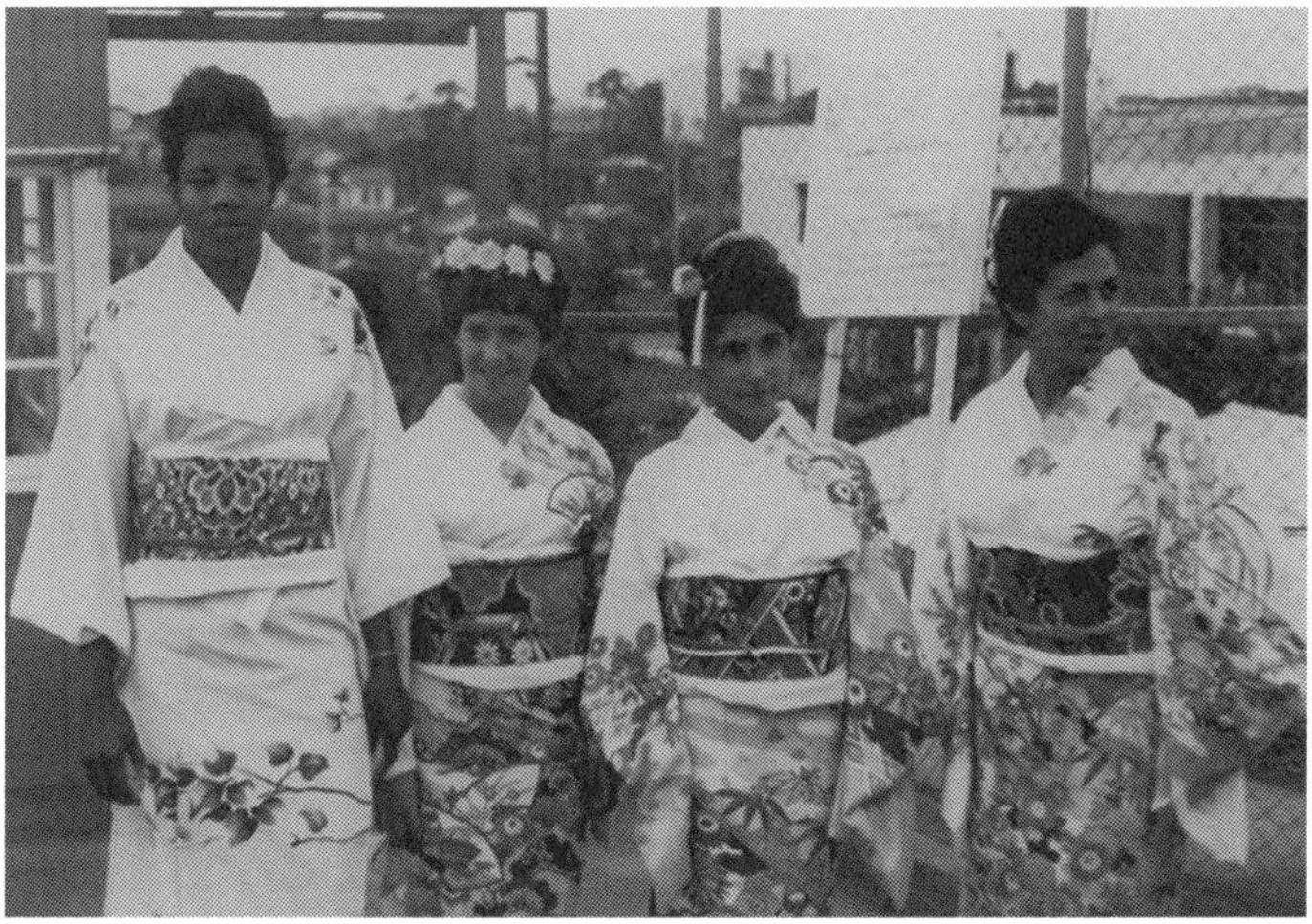
選手村の着付け教室で和服に身を包む外国選手

るんです。ですから、例えばイタリア人選手が来られたら、イタリア語のページを開いて、選手にメニューを選んでもらって、その通りにやればいいというふうになっていました。

——代金はどのくらいだったんですか？

遠藤 カット代が200円、そのほかシャンプー、シェービングをやると、200円ずつが加算されていく感じでした。町の理容院の相場がセットでおよそ600円でしたから、それと同じように設定されていました。なかには「チップだよ」ということで、私たちが着ているユニフォームのポケットに100円を入れてくれる選手もいました。でも、私たちはチップをいただいてはいけない規則になっていましたから、お断りするんですけど、それでもくださる方がいらっしゃるんですね。それを断るわけにもいきませんから、「Thank you」と言って、レジの中に入れようとすると、今度はそれを「No! No!」と言って制止してくるんです。「私はカット代はちゃんと支払ったんだから、この100円はあなたがもらうべきものです」というわけです。それで選手の前ではお礼だけ言って、選手がいないところでチップを集めて、仕事が終わった後の反省会やスタッフの親睦会のために使いました。

――ちなみに毎日の交通費や日当はもらえたんでしょうか？

遠藤　確か日当は700円くらいだったと思います。当時、ラーメン一杯35円くらいの時代です。それと私は毎日自宅の中野からバスで通ったのですが、たしか交通費は支給されなかったと思います。ただ、「明日は休日」という時にも、「ヘルプに来て！」という電話がかかってきて、結局出勤するなんてことが結構あったのですが、そういう時は特別にタクシー代をいただきました。とにかく特別に待遇がいいわけではありませんでしたよ。でも、お金のためにやっていたわけではなかったんです。

鈴木　それは私たちも同じでした。どちらかというと東京オリンピック成功のための「勤労奉仕」というふうに思っていました。あの当時、東京オリンピックに関わった人たちは誰もがみんな「お店の代表」というプライドと、「日本のために」という使命感を持っていたと思いますね。

遠藤 まさにそうでしたよね。それと、これは後から知ったことですが、日本の理容技術の高さを海外に広める、その旗振り役ということでもあったんです。ですから、大会期間中もよく組合の人たちが来て「ごくろうさま」とねぎらってくれました。

——食事はどうされていたんですか？

遠藤 食堂で使用できる食券はいただいていましたが、短い休憩時間に行くには食堂が遠かったんです。それでも最初の2、3日はせっかく食券があるからと行ったのですが、私たちが行く頃にはもうなくなっていて、食べることができなかったんです。それで、私は自宅からお弁当を持って食べるようにしました。外で食べていると、海外の選手がお弁当の中身をのぞいて「オー」なんて声をかけられることもありましたね（笑）。

オリンピックを楽しむ余裕もなかったほどの超多忙の日々

――一方、料理人の方たちはどんなことから始められたのでしょうか？

鈴木　私たち地方からの料理人は、用意された宿舎に入りました。そこには食事の支度や部屋の清掃をしてくださる方が10人以上いらっしゃって、私たちの身の回りの世話をしてくださいました。詳細は覚えていないのですが、4人か6人部屋だったと思います。選手村の食堂は10月1日にオープンしたのですが、6日くらいまではまだ時間に余裕があったんです。ですから休憩時間になると、私はよく調理場の写真を撮っていました。本当は私物の持ち込みは禁止されていたのですが、せっかくの機会なので「ホテルの調理場の勉強をしたいから」ということで社長から村上さんに撮影の許可を取ってもらっていたんです。選手村の食堂には、ホテルにあるような調理器が全てそろっていましたから、そういうものの使い方も勉強することができました。ところが、開幕2、3日前になって、海外から一気に選手団が来日してきたので、もうそれからはてんやわんやでした。早番の時には朝5時から仕事だったので、4時半に起きて外が真っ暗なうちに出かけるんです。そうして帰りは夜9時頃にあがれるという感じでした。遅番になると、朝8時くらいには調理場に出て、帰りは夜11時を過ぎていたと思います。朝も

選手村食堂風景

昼も、どこでどうやってご飯を食べていたか記憶がないくらい忙しい毎日でした。覚えているのは、宿舎に帰ってきて、必ずお風呂に入ったこと。これは清潔を保つために義務とされていたので、どんなに疲れていてもお風呂にだけは入らなければいけなかったんです。そうしてその日覚えたことをノートに書き留めたら、あとはもうバタンと寝るだけ。朝は目覚まし時計がなければ起きられませんでした。そんな毎日でしたから宿舎にはテレビもありましたが、一度もテレビでオリンピックの試合は見ることはなかったですね。

――選手村には3種類の食堂があったんですよね。

鈴木　はい、そうです。私が配属された「富士食堂」はアジア向けのもので、そのほかに欧米向けの「桜食堂」と、女子選手向けの食堂もありました。私は富士食堂のことしか詳しくは知らないのですが、富士食堂だけで選手村には６棟あったんです。それぞれ一度に１５０人ほどが座れるくらいのテーブルと椅子が用意されていました。食堂には男性の料理人と、配膳係をしてくれた男子学生が働いていて、女性は一人もいませんでした。それと、聞くところによると、夜遅くに終わる競技の選手用に、夜12時まで開けている食堂が一つあったみたいですね。

――女子選手は「富士食堂」や「桜食堂」では食事はできなかったのでしょうか？

鈴木　いえいえ、そんなことはありません。富士食堂にも桜食堂にも女子選手は入れました。また、アジア人選手が桜食堂に行ったり、欧米の選手が富士食堂に行くこともできました。ただ、女性選手専用の食堂には男子選手は入れませんでした。

――選手はどんなふうにメニューを選べたのでしょうか？

鈴木　当時からホテルで行なっていた「ビュッフェ形式」でした。そうしなければ、あれだけの人数の食事を賄うことはできなかったと思います。

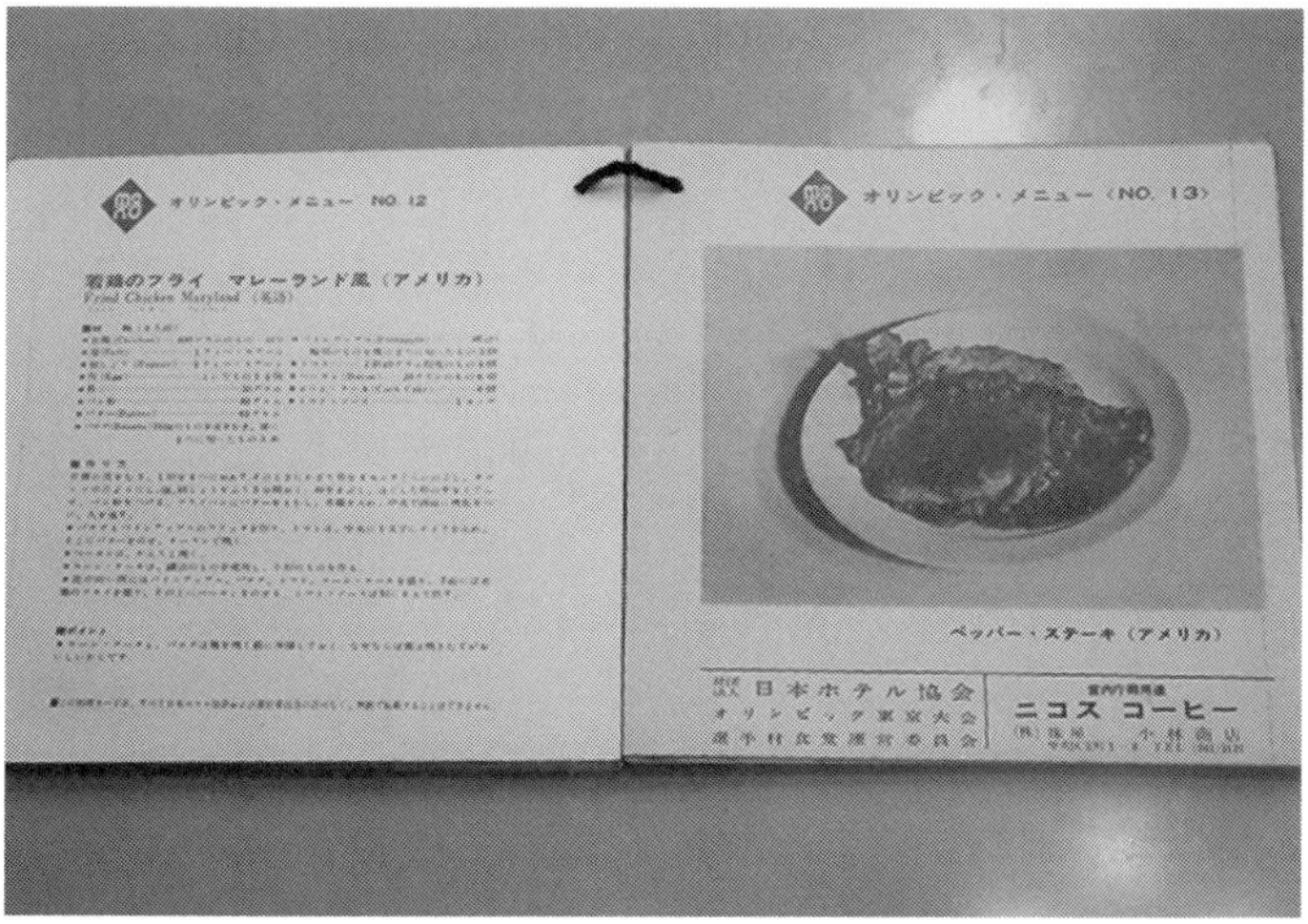

選手村で提供された料理のメニュー

——1日、どのくらいの食事を用意されていたのでしょうか？

鈴木 1日3食で、７２００人分くらいを３００人の従業員で作っていたんです。それもスポーツ選手の食事ですから、一般の成人男性では1日２８００キロカロリーのところを６０００キロカロリーを超えるんです。当初、選手一人あたりの1日の予算は２０００円と言われていました。でも、実際はそれではとても間に合わなかったそうです。

——一番人気のメニューは何だったのでしょう？

鈴木 ローストビーフやビーフステーキなど、お肉料理は人気が高くて、すぐになくなりましたね。富士食堂の料理は、ホテルのシェフが作るような料理を提供していたわけですが、当時の日本ではホテルで食事をするのは、裕福な家庭の人だけでした。ですから味付けが上品で、家庭の味よりも全体的に薄味だったんです。そうしたところ、残す選手が少なくなかったんですね。選手にしてみたら、競技で汗をかいて塩分が不足しているのに、薄味の料理では美味しいと感じられないですよね。それで、途中から味を濃くしたということがありました。ステーキなんかも、下味にそれまでの倍の量の塩と胡椒をふりかけて焼いたら、海外の選手たちも「美味しい」と言って食べてくれたみたいです。

——海外選手にも評判が良かったんですね。

鈴木　実は、当初フランスの選手団にはシェフも帯同していたんです。「なぜ、わざわざ連れてきたの？」と聞いたら、ある日本の写真を見せてくれたのですが、昔の土間で鍋を焚いている写真でした。フランス人にしてみれば、日本の料理はまだその水準だと思ったんでしょうね。それでシェフを連れてきたのですが、実際に選手村の食堂を見たら、最新の調理器で、ホテルのシェフたちが作っているのを見て、「これなら大丈夫」と安心したそうです。でも、村上さんは「せっかくだから」と言って、フランス人シェフに「日本の料理人たちに、ぜひ本場のフランス料理を教えてあげてください」とお願いし、実際に調理を見せてもらったみたいですね。

選手村食堂風景

さすがだな、と感心しました。

――調理器具も、最新のものがそろっていたと。

鈴木　そうですね。一般家庭にはないような良質のステンレスで作られたものなどが並べられていました。それからガスレンジも3つくらい連携しているビックサイズのものがあって、コンロは15口ほどありました。便利だったのは、蒸気で野菜を茹でる調理器。お湯を沸かして茹でるよりも蒸気の方が早く茹で上がるので、とても効率よく作業することができました。

――当時として革新的だったのは、冷凍技術だったそうですね。

鈴木　そうですね。大会期間中、毎日築地市場から食料を調達するとなると、それこそ東京都民の食糧がなくなってしまうわけです。また、輸送においても交通渋滞にはまってしまっては大変です。そこで開幕の2、3年前からニチレイと共同で食品を冷凍保存する研究を行ないました。急速冷凍の方法や、あるいは解凍においても、急に暖かいところに置いてしまうと、水分が出てうま味も栄養も流れてしまうのですが、少しずつ高い温度のところにおいて、段階を踏んで解凍する方法を開発したところ、野菜も肉も魚も美味しさを逃がさずに調理することができるようになったんです。オリンピック開幕前に、当時のオリンピック担当大臣だった佐藤栄作さんなど政府関係者への試食会を帝国ホテルで開いているのですが、その時も冷凍保存した食材だとは全くわからなかったそうで、「美味しい」と言ってもらえたそうです。

――厨房で選手とお話したなど、何か思い出はありますか？

鈴木　いえいえ、全くないです。というのも、食堂と厨房の間はガラス窓で区切られていましたし、私たちはとにかく食事を作るのに必死でしたから。ただ、ガラス越しに選手が見えますから、例えば大人気だった体操のベラ・チャスラフスカ（当時チェコスロバキア）が来たりすると、厨房は「あ、チャスラフスカが来た！」ってざわついたりしていましたね（笑）。

ヘーシンク、君原、三宅……メダリストたちとの思い出

――遠藤さんは、柔道無差別級決勝で日本代表の神永昭夫を破って金メダルに輝いたアントン・ヘーシンク（オランダ）の散髪をされたそうですね。大きな体格のヘーシンクが来店した時には驚いたのでは？

遠藤 最初、開幕前に来られた時には、そんなに有名な選手だなんて、全く知りませんでした。ところが、ドラム缶のような大きなテレビカメラと太いコードを持ったオランダのテレビ局の人たちが一緒に入ってきて、私の周りを囲むわけです。「なんだろう？」と驚きましたよ。それで聞いたら柔道の有名な選手だというので、そうなんだと。

――ヘーシンクの様子はいかがでしたか？

遠藤 彼は日本語がペラペラでしたから、会話はとてもスムーズにできたんです。ただ、大変だったのはヘーシンクさんがあまりにも大きくて、座ってもらっても、頭のてっぺんまで私の手が届かないんです。一生懸命につま先立ちするんですけど、そうすると足元がぐらついてしまって……。それでヘーシンクさんにお尻を前にずらして座ってもらって、できるだけ頭の

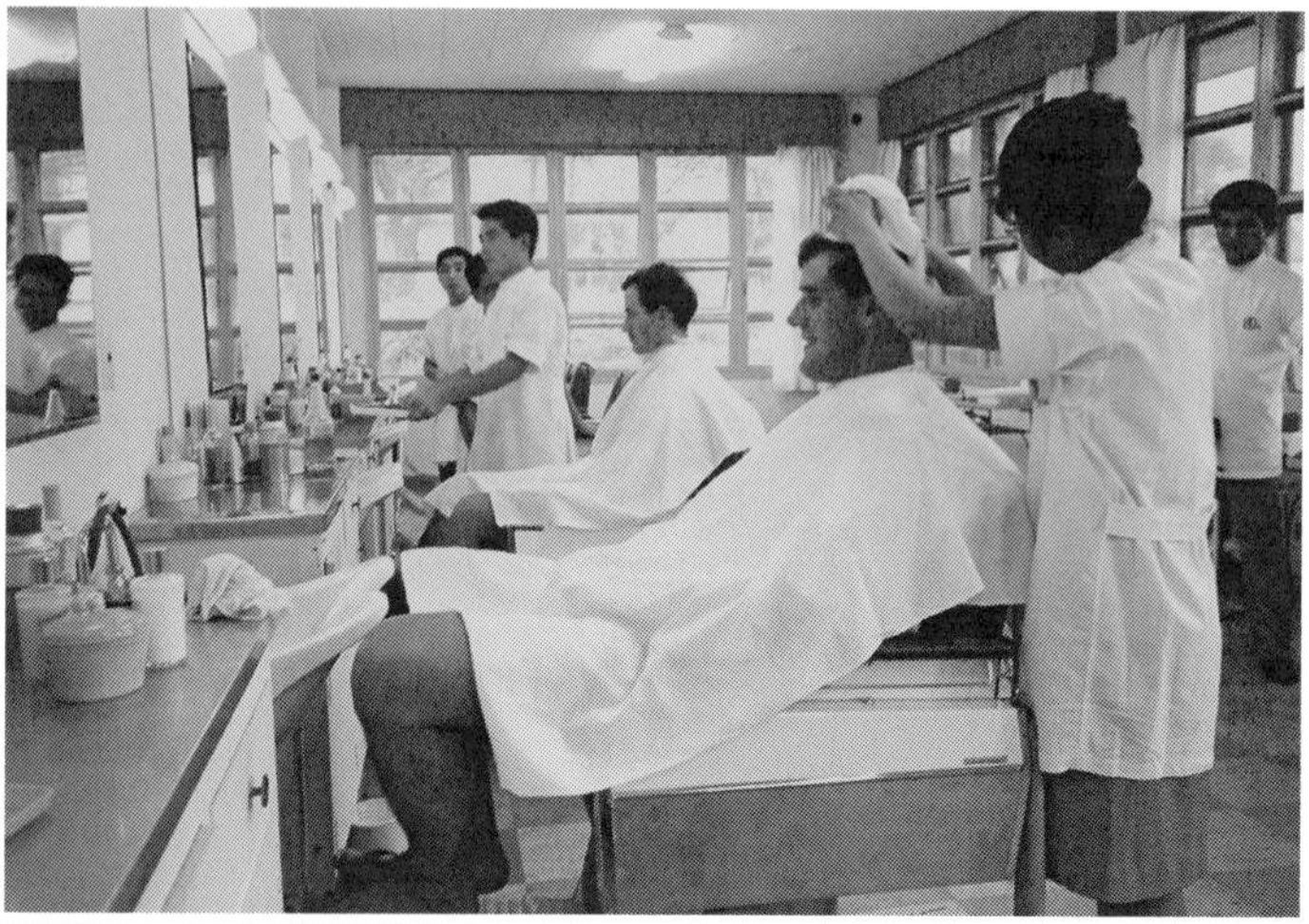

理容室でヘーシンクの散髪を行なった

位置を低くしてもらったんです。それでようやく散髪することができました。それと、髭剃りの時にはタオル1枚ではお顔を覆いきれなくて2枚使いました。とても髭が硬くて、時間もいつもの3倍くらいかかったので、髭を剃るだけなのに、もう汗だくでしたね。でも、嬉しいことに、金メダルを取った後にもう一度来てくださったんです。金メダルも見せていただきました。

――「東洋の魔女」と呼ばれた全日本女子バレーボールの選手も来店されたそうですね。

遠藤　何人かお顔を剃りに来られましたね。女性はお顔を剃った後、クリームを塗るんですけども、来店前日にご連絡をいただいたので、当日は自宅からコールドクリームを用意しました。席も、女性専用を用意してお迎えしたんです。ほかに日本人選手と言えば、マラソンの君原健二さんがレース前に来られました。最初、私は大会関係者だと勘違いしてしまったほど落ち着かれた方でした。私が「どうなさいますか？」と聞いたら、小さい声でひと言「短く刈っていただくだけで大丈夫です」と。

――鈴木さんは選手との思い出はありますか？

鈴木　食堂ではずっと厨房の中にいましたから、なかなか選手と直接接する機会はありませんでしたが、嬉しかったのは東京オリンピック日本人金メダリスト第1号となった重量挙げの三宅義信さんが「富士食堂のご飯が美味しかった」と、金メダルを取った後に、わざわざお礼に来てくれたんです。直立不動で「ありがとうございました！　おかげさまで金メダルが取れました！」と言って敬礼してくれました。富士食堂では朝、必ず大好きな卵焼きを食べてくれていたんだそうです。

――料理人としては、最高の言葉をいただいたんですね。

鈴木　そうですよね。本当に光栄なことでした。でも当時の僕は、日本人金メダル第1号の選手だなんて知りませんでしたから、そのきびきびとした言動に、ただただあっけに取られてい

東京大会日本選手金メダル第1号となったウエイトリフティングの三宅義信

東京大会から正式競技となった柔道・無差別級で優勝したオランダのヘーシンク

ました。周りも同じだったようで、誰一人「おめでとうございます」と言わなかったんです。それで後から、「あ、おめでとうございますってお祝いを言えばよかったね」なんて、みんなで言っていたんですけどね。でも、やっぱり励みになりましたよ。「よし、頑張ろう」って思えましたよね。本当に疲労困憊でくたくたでしたけど、残りの日々を乗り切ろうと思えたんです。それと、帝国ホテルの社長が自分たちに言ってくださった言葉を思い出しました。「あなたたち料理人も、東京オリンピックに参加している一人の選手なんですよ」と。そんなこともあって、三宅さんがお礼に来てくださったことで、改めて喝を入れてもらいましたね。

遠藤　三宅さんは理容店にも来ていただきました。とても優しくて、お話が面白い方でしたね。「女性に散髪してもらったのは、子どもの時以来だよ」とおっしゃっていましたね（笑）。

その後の人生に大きく影響した東京オリンピックでの経験

――さて、1964年東京オリンピックは、お二人のその後の人生にどのように影響されたのでしょうか？

遠藤　東京オリンピックから自宅の理容院に戻った時に、父からこう言われました。「パーフェクトな技術を身に付けるように、この道を究めなさい」と。これからは髪の毛を刈るだけでなく、女性のシェービングやマッサージなどの技術も習得するように言われたので、いろいろと勉強会に行きました。それで今もまだ現役でいるわけですが、実は昨年12月に麻布十番の地域新聞のようなものに、どこからどう聞いたのか、私の手が「神の手」だというふうな記事が掲載されたんです。というのも、今の時代はみんな疲労が取れなくて困っている人が多いですよね。そんな中で私が来店したお客さんにリンパマッサージをするんですけど、「小顔になった」「肩こりが取れた」って、リピーターがたくさんいるんです。それがどういうふうにうわさが

鈴木勇氏

ことかもしれませんね。

広がったのか、「神の手」だと（笑）。それも、東京オリンピックでの経験がきっかけとなった

――東京オリンピック後は、３００人の料理人たちが、再び全国津々浦々、それぞれのホテルやお店に戻ったわけですよね。よく東京オリンピックが日本の食文化に与えた影響は大きかったと言われていますが、何か変化は感じられましたか？

鈴木　日本の洋食業界にとって、東京オリンピックはとてもプラスになったと思います。何より洋食を食べるお客さんが増えました。私自身においても、東京オリンピックの食堂での経験は、とてもいい勉強になりました。これからの若い方たちに特に言いたいのですが、オリンピックのような国際的なイベントに参加したかしないかでは、その後の人生が大きく違います。物事のとらえ方も、世間を見る目も。私も20代の時にオリンピックを経験したことで、非常にプラスになりました。１９７４年にのれん分けをしてもらい、小さなお店ではありますが、これまで44年間も自分のお店を続けてこられているのは、あの時の経験があったからこそだったと思っています。ですから、ぜひ若い人たちにも経験してほしいなと思います。

――とても忙しかったと思いますが、でも充実した日々をすごされたんでしょうね。全て終わ

「センターグリル洋光台」のお店の前にて。（2018年）

った後には、責任者だった村上さんを皆さんで胴上げされたそうですね。

鈴木　はい、そうなんです。村上さんは私たち以上に寝食を忘れて、オリンピック成功のため、選手が競技で力を発揮できるように、本当に一生懸命頑張られていました。それで11月5日、もう選手もみんな帰った後、選手村の最後の日に、感謝の気持ちをこめて村上さんを胴上げしたんです。本当に立派なリーダーでした。

遠藤　私も一、二度、選手村でお見掛けしたことがありました。白いコック帽子がとても似合う方でしたね。

——2020年東京オリンピック・パラリンピックに向けて期待することとは何でしょうか?

遠藤 私は、メダル獲得数がどうのということよりも、1964年東京オリンピックで感じた時のような、日本人らしい「おもてなしの心」を海外の人たちに感じてもらえるような大会にしてほしいなと思っています。

鈴木 ぜひ、1964年の時の良かった部分を継承した大会にしてほしいですね。そして、若い人たちにはいろいろな経験をしてほしいなと思います。

鈴木勇氏／遠藤澄枝氏　略歴

	オリンピック関連・世相	鈴木氏／遠藤氏略歴
1936　昭和11	夏季：ベルリンオリンピック開催 冬季：ガルミッシュ・パルテンキルヘンオリンピック開催	遠藤澄枝氏、東京都に生まれる
1940　昭和15	第二次世界大戦でオリンピック中止	鈴木勇氏、神奈川県に生まれる
1944　昭和19	第二次世界大戦でオリンピック中止	
1945　昭和20	第二次世界大戦が終戦	
1947　昭和22	日本国憲法施行	
1948　昭和23	夏季：ロンドンオリンピック／冬季：サンモリッツオリンピック開催	
1950　昭和25	朝鮮戦争が勃発	
1951　昭和26	日米安全保障条約を締結	
1952　昭和27	夏季：ヘルシンキオリンピック／冬季：オスロオリンピック開催	
1955　昭和30	日本の高度経済成長の開始	鈴木氏、中学校を卒業し、センターグリル野毛店にてコックの修業を始める
1956　昭和31	夏季：メルボルンオリンピック開催 冬季：コルチナ・ダンペッツォオリンピック開催	
1959　昭和34	1964年東京オリンピック開催決定	
1960　昭和35	夏季：ローマオリンピック開催 冬季：スコーバレーオリンピック開催 ローマで第9回国際ストーク・マンデビル競技大会が開催	遠藤氏、実家の山方理容店にて理容師のインターンを開始。翌年、国会試験に合格し、理容師免許を取得
1964　昭和39	夏季：東京オリンピック・パラリンピック開催 冬季：インスブルックオリンピック開催 東海道新幹線が開業	遠藤氏、東京オリンピック・パラリンピックで当時珍しい女性理容師のひとりとしてオリンピック・選手村理容店に勤務 鈴木氏、東京オリンピック・パラリンピックで東京オリンピック選手村食堂でコックを務め、アジア向けの「富士食堂」に配属される

1966 昭和41		遠藤氏、結婚し理容エンドウを営み、現在に至る
1968 昭和43	夏季：メキシコオリンピック／テルアビブパラリンピック開催 冬季：グルノーブルオリンピック開催	
1969 昭和44	日本陸上競技連盟の青木半治理事長が、日本体育協会の専務理事、日本オリンピック委員会（JOC）の委員長に就任 アポロ11号が人類初の月面有人着陸	
1972 昭和47	夏季：ミュンヘンオリンピック開催 夏季：ハイデルベルクパラリンピック開催 冬季：札幌オリンピック開催	
1973 昭和48	オイルショックが始まる	
1974 昭和49		鈴木氏、独立し、センターグリル洋光台を開店。現在に至る
1976 昭和51	夏季：モントリオールオリンピック開催 夏季：トロントパラリンピック開催 冬季：インスブルックオリンピック開催 ロッキード事件が表面化	
1978 昭和53	8カ国陸上（アメリカ・ソ連・西ドイツ・イギリス・フランス・イタリア・ポーランド・日本）開催 日中平和友好条約を調印	
1980 昭和55	夏季：モスクワオリンピック開催（日本はボイコット） 夏季：アーネムパラリンピック開催 冬季：レークプラシッドオリンピック／ヤイロパラリンピック開催 冬季パラ大会への日本人初参加	
1982 昭和57	東北、上越新幹線が開業	
1984 昭和59	夏季：ロサンゼルスオリンピック開催 夏季：ニューヨーク、ストーク・マンデビルパラリンピック開催 冬季：サラエボオリンピック／インスブルックパラリンピック開催	

1988	昭和63	夏季：ソウルオリンピック・パラリンピック開催 冬季：カルガリーオリンピック／インスブルックパラリンピック開催
1992	平成4	夏季：バルセロナオリンピック・パラリンピック開催 冬季：アルベールビルオリンピック開催冬季： 冬季：ティーニュ、アルベールビルパラリンピック開催
1994	平成6	冬季：リレハンメルオリンピック・パラリンピック開催
1995	平成7	阪神・淡路大震災が発生
1996	平成8	夏季：アトランタオリンピック・パラリンピック開催
1997	平成9	香港が中国に返還される
1998	平成10	冬季：長野オリンピック・パラリンピック開催
2000	平成12	夏季：シドニーオリンピック・パラリンピック開催
2002	平成14	冬季：ソルトレークシティオリンピック・パラリンピック開催
2004	平成16	夏季：アテネオリンピック・パラリンピック開催
2006	平成18	冬季：トリノオリンピック・パラリンピック開催
2007	平成19	第1回東京マラソン開催
2008	平成20	夏季：北京オリンピック・パラリンピック開催 リーマンショックが起こる
2010	平成22	冬季：バンクーバーオリンピック・パラリンピック開催
2011	平成23	東日本大震災が発生
2012	平成24	夏季：ロンドンオリンピック・パラリンピック開催 2020年東京オリンピック・パラリンピック開催決定
2014	平成26	冬季：ソチオリンピック・パラリンピック開催
2016	平成28	夏季：リオデジャネイロオリンピック・パラリンピック開催
2018	平成30	冬季：平昌オリンピック・パラリンピック開催

第10章
日本復興に不可欠だったスポーツの存在

野村鋠市

Nomura Shinichi

東京大学法学部を卒業後、東京都に入都した野村鋠市（しんいち）さん。1963年には、翌年に開催された東京オリンピックの中枢組織「オリンピック東京大会組織委員会」事務局の人事課長を務めました。アジア初開催となったオリンピックの大成功の背景には、果たしてどんなことが行なわれていたのでしょうか。知られざる組織委員会の業務内容についてうかがいました。

野村 鋠市（のむら・しんいち）1926年生まれ。元オリンピック東京大会組織委員会人事課長。1951年に東京大学法学部を卒業後、東京都職員となる。1963年オリンピック東京大会組織委員会に出向し、人事課長を務めた。その後、1979年に東京都副知事を務め、86年に首都高速道路公団副理事長、1995年に東京都人事委員会委員長、1999年に東京市政調査会理事長を歴任した。

聞き手／佐塚元章氏　文／斉藤寿子　構成・写真／フォート・キシモト
取材日／2018年2月6日

戦後復興に欠かせなかったスポーツの存在

――野村さんは１９５１年に東京大学法学部を卒業されて、東京都の職員となりました。ちょうどその年に東京都議会で１９６４年のオリンピックを正式に招致することが決定したわけですが、東京都にとって東京オリンピック開催はやはり悲願とされていたのでしょうか？

そうだと思います。本来であれば、1940年に東京オリンピックが開催されていたわけですが、それが戦争の影響で中止となりました。その時の東京市の職員であった先輩たちが、東京都（1943年に「東京市」「東京府」が合体して、「東京都」が設置される）の職員でたくさんいましたからね。先輩たちの話によると、1940年の開催のために世界中をまわってロビー活動をしていたそうです。その時の無念が残っていましたから、1964年のオリンピック招致に対する気持ちというのはなみなみならぬものがあったと思います。

――１９５１年というと、戦後６年ですが、その頃の東京はどこまで復興していたのでしょうか？

東京は、1944年から1945年にかけて空襲の連続で、街全体が大変な状況にありまし

戦争等の影響で返上された1940年東京オリンピックのポスター

陸上競技をモチーフにした亀倉雄策のデザインによる1964東京オリンピック第2号ポスター

た。特に１９４５年3月10日の「東京大空襲」で、下町は一面焼け野原になり、街は「廃墟」となってしまったのです。それからの復興への道というのは、言葉では言い表せられないほど大変なものでした。当初は食べるものさえもないほど厳しい生活を強いられ、東京の人たちは本当に辛い思いをしたんです。それでも少しずつ復興していき、１９５３年くらいになりますと、人口も戦前に戻るんですね。１９４０年頃の東京の人口は７００万人だったのが、１９４５年には３００万人ほどに減少してしまっていました。それが、１９５３年には７００万人を超えるほどに増えていました。

戦後、水泳自由形で世界新記録を連発し“フジヤマのトビウオ”と呼ばれた古橋廣之進

——そんな中、当時の国民にとって、スポーツはどんな存在だったのでしょうか？

あくまでも私個人の印象ですが、東京が焼け野原になったりして、日本全体が打ちひしがれている最中、スポーツで日本人選手の活躍というのは、非常に活力を与えてくれるものだったと思います。例えば、1947年に水泳の古橋廣之進さんが、日本選手権の400m自由形で公式記録にはならなかったものの、当時の世界新記録を出したりしたことは、国民を元気づけてくれていたと思います。また、翌1948年に行なわれたロンドンオリンピックに「敗戦国」の日本は参加が許されませんでした。そんな中、オリンピックと同じ時間に行なわれた日本選手権で、古橋さんが400m

自由形および1500m自由形の両方で、金メダリストを上回るタイムをたたき出したニュースは、どれほど国民を勇気づけたかわかりません。ほかには、私が東京大学に入ったのは、1947年でしたが、その頃は六大学野球が非常に盛んで、よくニュースでも取り上げられていて人気を博していました。そうそう、当時は東大も優勝争いするほど強かったんですよ。

——日本におけるスポーツの存在価値は、1964年東京オリンピックを契機に高まっていったのでしょうか？

そう思いますね。東京オリンピックが開催されたからこそ、国民のスポーツへの関心も高まったと思います。例えば、サッカーは1964年当時はまだ日本ではあまり人気は高くなくて、はじめはオリンピックのチケットが余っていたんです。ただ、開幕するとチケットも売れまして、「あぁ、サッカーというスポーツは世界で人気が高いんだな」ということを知るきっかけになったと思います。それこそ、その後のサッカー熱の第一歩は、東京オリンピックだったのではないかと思います。また、現在は超高齢社会と言われていますが、日本人が高齢でも元気なのは、東京オリンピックを契機にして、スポーツをする人たちが増えたことも関係しているのではないかと思います。健康長寿のためには、やはりスポーツは非常に大きな役割を果たします。身体的な健康はもちろん、気持ち的にも明るくなりますからね。

選手村でのサッカー日本代表チーム

――オリンピックに向けて、東京の街並みの変化はどんなものだったのでしょうか？

オリンピックを成功させるためには、街づくりの面で整備をしなければなりませんでしたから、非常に大掛かりなものでした。特に、羽田空港から選手村、あるいは選手村と競技会場との選手団の送迎については大きな問題となっていました。そこでまず、羽田空港から競技場や選手村へと通じる道路の開通が計画されました。当時の東京は、環状道路についてはほとんど整備されていませんでしたので、特に重点を置いたのは、環状七号線と青山通りの国道２４６号線でした。いずれにしても道路の拡張には、そこに住んでいる人たちに立ち退きをしてもらわなければいけませんでした。そのために東京都の建設局は土地の買収において大変な苦労をして住民たちを説得しなければなりませんでした。「アジア初のオリンピック開催」という国民、都民にとって誇るべき大きな目標のためでしたので、たいていの住民たちは理解を示してくれたみたいですね。また、高速道路も開通しました。

驚いた
突然の組織委員会への出向

——野村さんが入都された時には、都庁は現在の新宿ではなく、有楽町にあったそうですね。

はい、そうです。今の国際フォーラムがあった場所にありまして、今の都庁に比べれば小さかったですけれども、丹下健三さんが設計した立派な庁舎でした。

——東京オリンピック開催が決定した時の都庁内の盛り上がりというのは、どんなものだったのでしょうか？

非常に盛り上がっていましたね。1959年、ＩＯＣ（国際オリンピック委員会）委員でもあった東龍太郎さんが知事になった年に開催が決定しまして、庁内全体で万歳をして喜びあい

丸の内にあった旧都庁舎の壁面に飾られたオリンピックエンブレムと万国旗

ました。何度も言いますが、1940年に開催されるはずの東京オリンピックが戦争で中止となり、さらに東京は焼け野原になった。そうした経緯のもとで、ようやく東京でオリンピックが開催されることになり、それはもう感慨深いものがあったと思います。

——当時、野村さんは財務局に配属されていました。そんな中、出向というかたちで、1963年に東京オリンピック組織委員会人事課長となりました。

はい。あくまでも出向でしたから、東京オリンピックが終われば、また都庁に戻るということになっていました。ただ、都庁の職員のままでは組織委員会に入ることはできなかったので、形式的ではありましたが、一旦都庁を退職して組織委員会に入り、終わったら都庁に復職するというかたちでした。

――組織委員会への出向の辞令が出た時は、どんなお気持ちでしたか？

私は自分からは一切「オリンピックに関わりたい」ということは申し上げていませんでしたので、本当に突然、「組織委員会に出向しなさい」と言われて、正直驚きました。人事課長を拝命したものの、組織委員会の中で、自分がどのような任務をするのか想像することができませんでした。ただ一つわかっていたのは、1年半後の1964年10月10日に間違いなくオリンピックが開幕するということで、どんな仕事にしろ、それまでに間に合わせなければいけないということだけでした。

――組織委員会はどのくらいの規模だったのでしょうか？

組織委員会の事務局は赤坂の迎賓館にありまして、あの大きな建物のほとんどを使って活動していました。組織委員会には、総務部、経理部、競技部、渉外部、警備交通部、輸送通信部、選手村本部、会場部、報道部、施設部と10ほどの部署がありまして、最終的には500人ほどになったと思います。

赤坂離宮（現・迎賓館）に置かれた東京大会組織委員会の会議風景

――野村さんが配属された「人事課」の任務とはどういうものだったのでしょうか？

組織委員会の人員は、東京都から約１２０人、各省庁から約30人、各自治体から約50人、民間企業からも約１００人、計約３００人に出向してもらい、加えて発足当初に採用した約２００人の固有職員の方々で構成されていました。その優秀な人材を適材適所、どの部署に配属させるかということを決めたりするのも人事課の仕事でした。

――そうすると、組織委員会というのは、さまざまなところからかき集められた混成チームということですね。一つの方向にとりまとめるのは、大変だったのではないでしょうか？

確かにそれぞれの職場の文化が全く違いますから、苦労もたくさんあったと思います。それでもみんな「東京オリンピックの成功のために」という明確な大目標がありましたから、そういう点では一致していましたので、協力的だったと思いますよ。それこそ、異なる風習を持つ者同士、お互いにいろいろな得意な面もあったりして、楽しんでいた部分もあったと思います。組織委員会で一緒に仕事をしたことがいいきっかけとなって、オリンピック後も、皆さんいろいろとつながっていたみたいですね。

――人事課の仕事で、一番苦労されたのは、どんなことでしたか？

先にも延べましたが、組織委員会発足当初に採用した固有職員が約２００人ほどいたんです。組織委員会というのは、時限的組織でして、オリンピックが終われば解散しなければいけません。ですから、固有職員は全員オリンピック後に失業してしまうわけです。そのため、その人たちのオリンピック後の就職先を探すのに、とても苦労しました。オリンピック開幕の半年ほど前から「就職委員会」を設置しまして、固有職員の就職先を探しました。

レスリング競技ご観戦の皇太子ご夫妻（当時）とご説明役の八田一朗

閉幕後は職員の再就職先探しに奔走

――オリンピック開幕後は、どのような仕事をされたのでしょうか？

大会期間中は、人事課の仕事はあまりありませんでしたから、事務局に留守番の担当を置いておく以外は、全員それぞれ担当の競技場で仕事をしていました。私は、サッカーやバレーボール、レスリング、ホッケーなどが行なわれた駒沢オリンピック公園の副所長を務めました。天皇皇后両陛下や皇太子ご夫妻などが来られた際には、ご案内申し上げたんです。それこそ「東洋の魔女」と呼ばれた全日本女子バレーボールが金メダルをかけて戦った「日ソ戦」には

レスリング競技では5つの金メダルを獲得（左から花原、市口、渡辺、吉田、上武各選手）

当時の皇太子妃美智子様がいらっしゃっていましたので、お席にご案内するとともに、ボールが飛んできたらお守りするガードマンの役割もありました。それにしても、あの試合は本当に素晴らしかったですね。また、レスリングでも吉田義勝、上武洋次郎、渡辺長武、花原勉、市口政光と5人の金メダリストが誕生するなど、非常に嬉しい場面に多く恵まれましたね。

――オリンピック閉幕後は、どうされたのでしょうか？

先ほどお話しました固有職員の職探しの本番は、オリンピックが終わった後だったんです。開幕前にお願いにはあがったものの、ほとんどが確定していませんでしたから、固有職員の職探しに再び奔走しました。特にオリンピック後は、不景気になりましたから、就職先を探すのも苦労しました。それでも経済界にかけあったり、さまざまな伝手を使うなどしてかけずりまわり、なんとか再就職を希望していた固有職員約２００人の就職先を見つけることができました。最後の一人の就職先が決まった時には、オリンピック大会が無事閉会式を迎えた時以上に達成感があり、ほっとしました。

――野村さんはいつまで組織委員会の仕事をされていたんでしょうか？

私は翌１９６５年6月まで組織委員会に残って、清算処理の業務をいたしました。清算処理の業務は、例えば記録映画の製作や、日本語と英語の報告書作成、決算報告などでした。

――その清算処理も終わり、組織委員会としての最後の日は、どんなお気持ちになりましたか？

組織委員会は、１９６５年3月には解散というかたちになりまして、あとは清算法人として残ったのはごくわずかな人数でした。おそらく20人もいなかったと思います。ですから、最後の日は本当にささやかなお別れの会をしたくらいでした。とにかく無事にオリンピックが大成功で終わったという安堵の気持ちが一番強かったですね。

――組織委員会の一員として過ごした2年間を振り返ってみて、いかがですか？

東京オリンピックを成功させるという一つの目標に向かって、たくさんの人たちと協力しあいながら、なんとか目標を達成させることができたという満足感、と同時にいろいろな人と出会うことができた楽しみもありました。毎日忙しくて、とても苦労も多い仕事ではありましたが、私の人生においてとても素晴らしい２年間だったなと思っています。

東京都がとるべきリーダーシップ

――2020年東京オリンピックの組織委員会は、8000人にもなるそうですが、1964年の時の組織委員会を経験している野村さんから見て、どのような違いを感じますか？

８０００人ですか。それはすごい。１９６４年とは比較にならないほどの規模ですね。オリンピックとパラリンピックが一つの組織になったという点もあるかと思いますが、オリンピックの大会規模があまりにも巨大化し過ぎてしまっているという点もあるのかなと思いますね。参加国や競技種目が増えていますので、当然、経費も膨大になっています。そういう点では、組織委員会の責任も１９６４年東京オリンピック以上に大きいでしょうね。ただ、これだけ巨大化してしまいますと、今後、果たして立候補する都市があるのかと心配になってきますね。
また、警備の問題においても、１９６４年の時代とは全く違いますよね。世界各地でテロが発生している時代において、２０２０年にはセキュリティも大きな課題となってくることでしょう。運営は、１９６４年の比にならないほど大変だと思います。

――オリンピックとパラリンピックが一つの組織に一体化した点は、どのように感じられていますか？

私は、非常に良かったと思います。パラリンピックというのは、障がい者スポーツの発展のためにとても意義ある大会です。そういう素晴らしい大会に対して、日本国民が理解を示し、オリンピックと同じような価値観を持つことはとても良いことですよね。

――２０２０年東京オリンピックに向けては、国、都、組織委員会が複雑に絡み合っていて、結局どこがリーダー役を果たすべきなのかが未だにはっきりとしていません。野村さんはどのようにお考えでしょうか？

私の経験上、オリンピックの成功には、都、国、組織委員会のチームワークが不可欠です。ですから、それぞれの立場から意見や主張はあるとは思いますが、いずれにしても「オリンピックを成功させたい」という気持ちは同じでしょうから、その目標に向かって協力しあっていってほしいなと思います。その中で最もリーダーシップをとらなければならないのは、やはり小池百合子都知事だと思いますよ。あくまでも「東京オリンピック」なわけですからね。国と組織委員会ともうまくやっていけるようなリーダーシップをとっていってほしいなと思います。もちろん小池さんもそのおつもりだと思いますので、これからに期待しています。

世界平和に貢献できる大会への期待

――2020年は、どんなオリンピックを期待されていますか?

全ての競技が順調に、安全に行なわれて、選手が力を発揮し、観客が楽しめる大会になることが一番だと思います。

――2020年まであと2年となりましたが、1964年の時と比べて、盛り上がりという点ではどのように感じられていますか?

正直に言えば、日本全体がオリンピックに向かって熱気に包まれていた1964年の頃と比べて、今度の２０２０年はどうかなという感じはしています。時代が違うこともあると思いますが、あれほどの盛り上がりとはいかないのかもしれませんね。ただ、いつの時代においても、スポーツというのは人々の人生において大事な役割を果たしていると思っているんです。ですから、オリンピックを通じて、よりスポーツに親しんで、明るいムードになってもらいたいなと願っています。

——野村さんご自身は、何かスポーツをされていますか？

私は高校時代に硬式テニスをしていまして、旧制一高だったのですが、京都の三高※との対抗戦にも出場したことがあります。20年ほど前まではテニスをやっていたのですが、ちょっと膝を悪くしてしまいましてね。でも、やっぱり体を動かしたくなるんですよね。ですから、今はウオーキングやストレッチ体操を楽しんでいます。

——東京オリンピックが開催されることによって、若い人たちに期待することはありますか？

東京オリンピックをきっかけに、若い人たちにももっとスポーツに親しんでほしいなと思います。それから、オリンピックというのは国際的イベントですから、若い人たちにとっては海外の人と交流できるいいチャンスにもなるはずです。これから世界はますますグローバル社会

※一高（第一高等学校／東京）、三高（第三高等学校／京都）は旧制高校（現在と異なり、5年制の中学卒業後3年間修業）

野村鋠市氏

となり、日本も海外とのつながりが深まっていくと思いますので、ぜひこの貴重なチャンスを生かしてほしいなと思います。そうした国際交流が活発に行なわれることによって、世界の平和も築かれていくのではないでしょうか。ですから、例えばボランティアに応募してみたりして、自分から積極的に参加してほしいなと思います。

――２０２０年東京オリンピックは、日本社会にどのような影響をもたらすと思いますか？

１９６４年の時と比べると、21世紀という新しい時代に入り、国際情勢も非常に変化しています。ただ、オリンピックが平和の祭典であることは今も昔も変わらないと思うんですね。世界の緊張関係はより厳しくなってきている中、世界平和に貢献するようなオリンピックであったらいいなと思います。

野村鋠市氏 略歴

	オリンピック関連・世相	野村氏略歴
1924：大正13	夏季：パリオリンピック開催	
1926：大正15		野村鋠市氏、東京都に生まれる
1928：昭和3	夏季：アムステルダムオリンピック／冬季：サンモリッツオリンピック開催	
1932：昭和7	夏季：ロサンゼルスオリンピック／冬季：レークプラシッドオリンピック開催	
1936：昭和11	夏季：ベルリンオリンピック開催 冬季：ガルミッシュ・パルテンキルヘンオリンピック開催	
1940：昭和15	第二次世界大戦でオリンピック中止	
1944：昭和19	第二次世界大戦でオリンピック中止	
1945：昭和20	第二次世界大戦が終戦。1947（昭和22）年、日本国憲法施行	
1948：昭和23	夏季：ロンドンオリンピック／冬季：サンモリッツオリンピック開催	
1950：昭和25	朝鮮戦争が勃発	
1951：昭和26	日米安全保障条約を締結	東京大学法学部を卒業し、東京都に入都
1952：昭和27	夏季：ヘルシンキオリンピック／冬季：オスロオリンピック開催	
1955：昭和30	日本の高度経済成長の開始	
1956：昭和31	夏季：メルボルンオリンピック／冬季：コルチナ・ダンペッツォオリンピック開催	
1959：昭和34	1964年東京オリンピック開催決定	
1960：昭和35	夏季：ローマオリンピック／冬季：スコーバレーオリンピック開催 ローマで第9回国際ストーク・マンデビル競技大会が開催	
1963：昭和38		オリンピック東京大会組織委員会に出向し、人事課長を務める
1964：昭和39	夏季：東京オリンピック・パラリンピック開催 冬季：インスブルックオリンピック開催 東海道新幹線が開業	
1965：昭和40		東京都企画調整局計画第二課長に就任

1968：昭和43	夏季：メキシコオリンピック／テルアビブパラリンピック開催 冬季：グルノーブルオリンピック開催	
1969：昭和44	日本陸上競技連盟の青木半治理事長が、日本体育協会の専務理事、日本オリンピック委員会（JOC）の委員長に就任 アポロ11号が人類初の月面有人着陸	
1972：昭和47	夏季：ミュンヘンオリンピック／ハイデルベルクパラリンピック開催 冬季：札幌オリンピック開催	
1973：昭和48	オイルショックが始まる	東京都都民室長、衛生局長、都民生活局長を務める
1976：昭和51	夏季：モントリオールオリンピック／トロントパラリンピック開催 冬季：インスブルックオリンピック開催 ロッキード事件が表面化	
1978：昭和53	8カ国陸上（アメリカ・ソ連・西ドイツ・イギリス・フランス・イタリア・ポーランド・日本）開催 日中平和友好条約を調印	
1979：昭和54		東京都副知事に就任
1980：昭和55	夏季：モスクワオリンピック開催（日本はボイコット） 夏季：アーネムパラリンピック開催 冬季：レークプラシッドオリンピック／ヤイロパラリンピック開催 冬季パラ大会への日本人初参加	
1982：昭和57	東北、上越新幹線が開業	
1984：昭和59	夏季：ロサンゼルスオリンピック開催 夏季：ニューヨーク、ストーク・マンデビルパラリンピック開催 冬季：サラエボオリンピック／インスブルックパラリンピック開催	
1986：昭和61		首都高速道路公団副理事長に就任
1988：昭和63	夏季：ソウルオリンピック・パラリンピック開催 冬季：カルガリーオリンピック／インスブルックパラリンピック開催	

1992：平成4	夏季：バルセロナオリンピック・パラリンピック開催 冬季：アルベールビルオリンピック開催 冬季：ティーニュ、アルベールビルパラリンピック開催	
1994：平成6	冬季：リレハンメルオリンピック・パラリンピック開催	
1995：平成7	阪神・淡路大震災が発生	東京都人事委員会委員長に就任
1996：平成8	夏季：アトランタオリンピック・パラリンピック開催	
1997：平成9	香港が中国に返還される	
1998：平成10	冬季：長野オリンピック・パラリンピック開催	
1999：平成11		東京市政調査会（現・後藤・安田記念東京都市研究所）理事長に就任
2000：平成12	夏季：シドニーオリンピック・パラリンピック開催	
2002：平成14	冬季：ソルトレークシティオリンピック・パラリンピック開催	
2004：平成16	夏季：アテネオリンピック・パラリンピック開催	
2006：平成18	冬季：トリノオリンピック・パラリンピック開催	
2007：平成19	第1回東京マラソン開催	
2008：平成20	夏季：北京オリンピック・パラリンピック開催 リーマンショックが起こる	
2010：平成22	冬季：バンクーバーオリンピック・パラリンピック開催	
2011：平成23	東日本大震災が発生	
2012：平成24	夏季：ロンドンオリンピック・パラリンピック開催 2020年東京オリンピック・パラリンピック開催決定	
2014：平成26	冬季：ソチオリンピック・パラリンピック開催	
2016：平成28	夏季：リオデジャネイロオリンピック・パラリンピック開催	
2018：平成30	冬季：平昌オリンピック・パラリンピック開催	

第11章

「成功させたい」気持ちで一致団結していた1964年東京大会

熊谷康　松下治英

Kumagai Yasushi　Matsushita Haruhide

1964年10月10日、アジア初開催となった東京オリンピックの開会式が国立競技場で行なわれました。前日の大雨が嘘のように晴れ渡り、真っ青な秋空には、無数の鳩が舞い、オリンピックのマークである5色の輪が描かれました。半世紀以上経った今もなお語り草となっている東京オリンピックの開会式。組織委員会事務局職員の一人として、また五輪のマークを見事に描いたブルーインパルスの隊長として、開会式に深く携わった熊谷康氏と松下治英氏に、当時の舞台裏についてお話をうかがいました。

熊谷康（くまがい・やすし）1932年生まれ。元東京オリンピック組織委員会式典課職員。1952年に東京都教育庁に入庁し、体育行政に携わる。1958年第3回アジア競技大会（東京）や国体の運営に関わり、1963年に東京オリンピック組織委員会に出向、式典課に配属された。開閉会式を担当し、ブルーインパルスの上空飛行許可などの交渉に当たる。大会後、都教育庁に戻ってからは教員に転じ、東村山中学校校長等を歴任。

松下治英（まつした・はるひで）1932年生まれ。元航空自衛隊隊員。1955年に幹部候補生として航空自衛隊に入隊。1962年に曲芸飛行隊「ブルーインパルス」の編隊長に就任した。1964年東京オリンピック開会式では、隊長として1番機に搭乗、開会式のクライマックスとして、国立競技場上空に白い飛行機雲で五輪を描いた。当時のメンバーとは今でも年に一度は顔を合わせている。

聞き手／佐塚元章氏　　文／斉藤寿子　　構成・写真／フォート・キシモト
取材日／2018年3月2日

都からの出向(初回)の一人として組織委員会へ

――熊谷さんはオリンピック東京大会組織委員会事務局の式典担当を務められました。組織委員会事務局のメンバーに入られた経緯はどういうものだったのでしょうか?

熊谷 私はもともと中学校の体育教諭だったのですが、20代の後半に東京都の教育委員会から、「学校体育」ではなく「社会体育」の方を担当する「社会教育部体育課」という部署に異動となったんです。そこで務めている時に、「第3回アジア競技大会」(1958年)が開催されまして、その大会運営の仕事を1年ほど手伝いました。その3年後の1961年には「第14回国民体育大会」が東京で開催されたのですが、この大会は当初は他県での開催が決定していたんです。ところが、何かの事情で開催ができなくなったということで、急きょ東京で開催することになりまして、その国体のお手伝いもしたんですね。そんなこともあって、当時組織委員会の参事を務められていた松沢一鶴先生から「アジア大会や国体の式典運営の経験があるのだから、オリンピックの方も手伝ってほしい」というお話がありまして、開幕1年半前の1963年に東京都の臨時出向(初回)の一人として組織委員会事務局に入ることになりました。7月1日付けでの出向で、7月16日から組織委員会の事務局があった赤坂に出勤しました。

組織委員会式典課のメンバー。後列右から4番目が組織委参事を務めた松沢一鶴氏。その左隣りが松戸節三式典課長。右端が熊谷氏（1964年）

――式典担当には、どのくらいの人数がいたのでしょうか？

熊谷　式典課には、開、閉会を担当した私をふくめて、松戸課長以下6名（プラス嘱託1名）でした。式典課の仕事は開・閉会式のほか、聖火リレー、各国の国旗、五輪旗、入賞メダル、参加メダルの製作等でしたので、間もなく人数は13名になりました。女性のうち一人は、当時の東京都知事だった東龍太郎さんの初孫の方でした。

――開閉会式担当は、どのようなお仕事だったのでしょうか？

熊谷　組織委員会の下に「式典運営委員会」がありまして、そこで開閉会式の式次第や演出はほとんど決まっていまして、開

東京オリンピックの開会式で開会宣言を行なう昭和天皇（1964年）

幕1年前にプレオリンピックがありましたので、そこでシナリオは作られていました。あとは式典運営協議会を開きまして、会場の装飾など細かいことを決めていきました。特に大きな問題となったのは、音響関係でした。例えば、選手の入場口とバックスタンドに取り付けられた巨大なスピーカーとの距離は100mほどあって、どうしても音がずれてしまうんですね。そこでNHKから出向されていた音楽の専門家の先生には非常にご苦労をかけましたが、なんとかうまく調整していただきました。そういう点では、私は音楽担当の方たちには頭が上がりません。また、入場行進に参加する各国選手の皆さんには、胸ポケットに入る程度の受信機を持ってもらい、これに3カ国

～5カ国語で式典のプログラムを説明する電波を送れば、選手の皆さんには、式典の流れをより理解してもらえたのでは？　とのアイデアがありましたが、実現にいたらなかったことは残念でした。

――10月10日の開会式は、どこにいらしたんですか？

熊谷　国立競技場の中にガラス張りの「指揮室」という部屋がありまして、そこで祝砲の用意がされているかとか、指示の確認など、開会式の進行のチェックを電話でやりとりしながら、開会式を迎えました。進行表はありましたが、4、5枚程度の薄いもので、それを見ながらというよりは、私とそれぞれの担当者との阿吽の呼吸で進行していったという感じでしたね。

自らの提案で採用された「五輪のマーク」

――その開会式での演出で、今でも一番の語り草となっているのが、松下さんたち航空自衛隊浜松航空軍のブルーインパルスが青空に描いた五輪のマークです。この演出は、熊谷さんが組織委員会に入られた時には、既に決まっていたのでしょうか？

東京オリンピックの開会式で青く澄み渡った空にブルーインパルスが描いた五輪（1964年）

熊谷　はい、決まっていました。私自身、新聞の報道で知っていましたからね。私が組織委員会に入る前に浜松で1回、そして入間基地に関係者を招いてデモンストレーションが行なわれました。確か五輪のマークそれぞれの5色がきれいに出せるようになったという報道だったと記憶しています。

――1964年といいますと、もう半世紀以上前のことになるわけですが、松下さんは当時のことを思い出すことはありますか？

松下　そうですね。おおいにあります。オリンピックの歴史上、ジェット機で競技場の上空に五輪のマークを描いたというのは、未だに1964年東京オリンピックの1回きりのこと。そんなこともあって、私の人生においても、非常に強く印象に残った出来事となっています。なんといっても、世界で私たち5人しかやっていないわけですからね。

——ブルーインパルスのメンバーは、予備機も入れて6人で、32歳だった松下さんが最年長で、あとは20代でした。やはり優秀なメンバーが選ばれたと思いますが、松下さんが航空自衛隊に入隊したのはどのような理由からだったのでしょうか。

松下　私は入隊当初は整備士になりたいと思っていました。ところが、入隊した者は皆、パイロットとしての訓練を受けなければいけなかったんです。その中でどんどん淘汰されていきまして、最後に残った十数人が戦闘機のパイロットになり、私もその一人でした。その後、みんなそれぞれの各基地の航空隊に配属になったのですが、私はなぜかインストラクターとして浜松基地に残されたんです。そんな中、東京オリンピックでの曲芸飛行の話がありまして、私もその中の一人に入ることになりました。

——優秀なパイロットの一人だったんですね。

松下　いえいえ、そんなことは決してありませんでしたよ（笑）。候補者が数人いまして、その中から6人選ばれたようなんですが、私だけが30代で、あとは20代の若手だったので、私も

航空機の前で。左から2番目

なぜ自分が選ばれたのか気になって、後で関係者に聞いてみたんです。そしたら、「君は妻帯者だったから」と言われました。つまり、独身の若手ばかりでスタンドプレーするようなことがあってはいけないということで、リーダー役として妻帯者を一人入れた方がいいということになったみたいですね。それで、私が選ばれたということだったようです。

――「ブルーインパルス」の名前の由来は何だったのでしょうか？

松下　「ブルー」は「空」を指していまして、アメリカにも「ブルーエンジェルス」という海軍のアクロバット飛行隊がありますが、航空隊にはよく付けられる名称なんです。

「インパルス」というのは「衝撃、衝動」という意味なのですが、私が指導していた飛行隊のコールサインでした。そのふたつを合わせた名称で、たしか同じ航空隊のメンバーの奥さんが提案したんじゃないかなと記憶しています。自分たちとしても覚えやすく、またゴロ的にも言いやすかったので、特に反対意見はなく、スッと決まりました。

——五輪のマークを描くという粋な演出は、誰が最初に提案したものだったのでしょうか?

松下 実は当初、組織委員会からのリクエストは、5機のジェット機が、それぞれ五輪の5色の煙を出しながら、競技場の上空を飛び去っていくということだったんです。それを聞いた時に、私がつい余計なことを言ってしまったんです(笑)。「そんなことは航空自衛隊隊員だったら、誰にでもできる。それではあまりにも芸がない。どうせなら、五輪の輪を描くというのはどうだろう」と。その時は「まぁ、できるだろう」と簡単に考えていたのですが、実際にやってみたら予想以上に難しくて、「あぁ、あんなこと言わなければ良かったなぁ」と後悔しましたよ(笑)。

——当時のお話を伺うと、開会式当日の成功は、まさに「奇跡」だったそうですね。

松下 私たちも、あれほどきれいに描けるとは思っていませんでした。ジェット機でサークル

松下治英氏

を描くこと自体は、それほど難しいことではないんです。しかし、あれだけ巨大な5つの輪を均等に並べるというのは至難の業。なんたって、一つの輪の直径が6000フィート（2000m）あって、隣の輪との距離は1000フィートとなっていまして、私たちパイロット同士は7000フィートの距離で輪を描いたわけです。しかし、7000フィートも離れて飛ぶなんてことはそれまで一度も経験したことがありませんでした。しかも当時のレーダーは射撃用でしたから600～1000フィートの間しか測れなかったんです。ですから、自分の目と感覚でやるしかありませんでした。しかも、それを5人全員が同じ大きさのサークルを描かなければいけないわけですからね。もう各自の「勘」を頼るしかありませんでした。

――どのような訓練が行なわれたのでしょうか?

松下 その五輪のマークを描くためだけの訓練というものはありませんでした。というのも、あまり大々的にやってしまうと、開会式に何をやるかがわかってしまいますから、日頃のアクロバットの訓練の帰りに、飛行場に降りる前にちょっとやってみる感じでした。それも完全な輪にするのではなく、点々にしか煙を吐かないようにして、何をしているかわからないようにしていたんです。

練習では成功なしで迎えた「10月10日」

――開幕前日は、嵐のような大雨が降っていましたが、翌日の快晴は想像されていましたか?

松下 いえいえ、全くしていませんでした。前日に、待機場所だった埼玉県の入間基地に入っていたのですが、あまりの土砂降りで、自衛隊の気象係に聞いても「明日は雨です」と言っていたので、その晩はメンバーとご飯を食べながら「これはもう、明日は100%中止だな」なんて話をしていたくらいです。正直、もう安心しきっていましたよ（笑）。

――ところが、前日の嵐がうそのように、開幕当日は快晴でした。

松下　そうなんです。朝起きたら、さんさんと陽が照っているものだから、ビックリして飛び起きました（笑）。

熊谷　私は開幕当日は、朝6時に国立競技場のそばの神宮外苑でＮＨＫのインタビューを受けることになっていました。宿を出ると、街全体にもやがかかって、見えにくい状態でした。「大丈夫かなぁ」と不安に思いながら約束の場所に到着したところ、ＮＨＫの記者が開口一番に「熊谷さん、今日は日本晴れになりますよ」と言ったんです。私は驚きまして、「まさか、こんなにもやがかかっているのに？」と半信半疑ではありましたが、「でも、本当に晴れてくれたら嬉しいなぁ」と願う気持ちでいました。そうしたところ、記者の言葉通り、まさに「日本晴れ」という言葉が似合う晴天に恵まれましたでしょう。驚きと同時に、嬉しかったですね。

――そんな「日本晴れ」の中、松下さんは、いざ入間基地を飛び立つ瞬間というのは、どんなお気持ちでしたか？

松下　それこそ、金メダルを期待された選手の気分でしたね。「金メダルを取らなければいけない」というね。私たちも「失敗は許されない。なんとしても成功させなければいけない」という気持ちがありました。開会式の模様は、日本国内だけでなく、世界各国に放映されていましたから、「日本の恥をさらしてはいけない」という気持ちが強かったですね。

――結局、それまでの練習では、成功したことはあったのでしょうか？

松下　全て正確に五輪のマークを描けたことは一度もありませんでした。4機はうまくいっても、1機だけ距離が離れてしまったりとかね。

――不安はありませんでしたか？

松下　不安に思うよりも、1番機としては、とにかく定刻に正確な場所に飛ぶということだけを考えていました。あとは「みんなついてこい」という感じでしたね。

――聖火リレーの最終ランナー坂井義則選手が聖火台に点火し、日本選手団主将だった体操の小野喬さんの選手宣誓が終わると、白い鳩が一斉に青空に飛び立ちました。それに気を取られている間に、いつの間にか5機のジェット機が飛んできて、「いったい、何が始まるんだろう?」

と、中学2年生だった私はテレビの前で胸を躍らせながら見ていました。

松下 私たちは入間基地を飛び立った後、江の島上空で待機していました。当初の計画では坂井選手が点火したと同時に、競技場に向かうことになっていまして、それが午後3時10分20秒とされていたんです。ところが、全選手が入場してから坂井選手が点火するまでに時間を要してしまって、点火のタイミングが予定よりも遅くなったんです。

熊谷 そうでしたね。坂井選手が競技場に入場してから点火するまでの時間は、4分何秒ということになっていました。これは、リハーサルを通して、私が割り出した時間だったのですが、なにせ距離が長くて、正確な時間を割り出すというのは簡単ではありませんでした。入場してから1周400mのトラックを4分の3周走った後、聖火台に向かって長い階段を上らなければいけませんでしたからね。会議では組織委員会の上部から「そんな秒単位まで細かく割り出す必要があるのか?」というふうに言われたこともありましたが、ブルーインパルスに合図を出すには、やはり細かく出しておいた方がいいだろうということで、割り出した時間だったんです。

——聞くところによると、ブルーインパルスは機内でラジオ放送を聴いていて、アナウンサーが「最終ランナー坂井選手が今、ゲートから入場してきました」というタイミングとともに、競技場へ向かっていったと。

松下　はい、そうなんです。というのも、坂井選手のように優秀な選手は、正確なタイムで走るわけです。ですから、彼がゲートをくぐったタイミングで出発しようということになっていました。私は5機のうちの1番手でしたから、定刻に赤坂見附の上空を飛ぶことになっていました。

――私はモノクロテレビで見ていましたので、五輪の色はわからなかったのですが、青空に映えていたんでしょうね。

松下　そうですね。この煙の色も、非常に苦労しました。東京都内の小さな染色メーカーがやってくれたのですが、当時の技術としてはエンジンオイルに顔料を混ぜることで、色を出していたんです。意外にも、一番色を出すのが難しかったのは黒だったそうです。素人からすれば、一番簡単な色のように思えましたが、メーカーの人たちは「何度やっても、きれいに出ない」と苦心していました。

――でも、結果的には五輪のマークが均等に並び、色もきれいに出ていました。描き終わった

参加各国と地域の入場行進の後、空に描かれた五輪（1964年）

後、喜びもひとしおだったのではないでしょうか？

松下 輪を描いている最中は、自分では見ることができませんので、成功したかどうかはわかりませんでした。輪を描き終わった後、5機が一斉に上昇していったのですが、その時にようやく上から五輪のマークを見ることができまして、「あぁ恥をかかなくて本当に良かった」と胸をなでおろしました。あとで聞いた話ですが、埼玉県川口市からも五輪のマークがはっきりと見えたそうです。それを聞いて「あぁ、良かったなぁ」と思いました。というのも、私たちは東京都内だけでなく、できるだけ広範囲で、多くの日本国民が見られるようにしたいということで、いろいろと計算した結果、1万フィート（3000m）の高さで飛ぶことにしていたんです。ですから、川口市からも見ることができたと聞いて、嬉しかったですね。

「二度とできない」ほど完璧に描いた5つの輪

――式典担当の熊谷さんもブルーインパルスの曲芸飛行に期待されていたと思いますが、当日はどのような心境で見られていたのでしょうか？

熊谷　私は無線で隊長さんの松下さんとやりとりをして、状況を把握したり合図を出したりしていたのですが、その冷静さには非常に驚きました。五輪のマークを描くという大役を前にしても、その声は非常に落ち着いていて、「さすがだなぁ」と思いながら、安心感を抱いていました。

――その期待通りに、五輪のマークが東京の上空に描かれたのを指揮室から見られた時は、どんな思いでしたか？

熊谷　国民の皆さんと同じで、もう、感動のひと言でした。あの五輪のマークは、本当に素晴らしいものでした。

――半世紀以上たった今もなお東京オリンピックの名シーンとして語り継がれているわけですが、改めて振り返ってみて、松下さんはどんなお気持ちですか？

松下 当時の心境としては、とにかく「恥をかかなくて良かった」ということだけで、自分たちが特別大きなことをしたという気持ちはありません。ただ、一つだけ言えるのは、あの東京オリンピックの後にも先にも、五輪のマークを描くという曲芸飛行は行なわれていません。当時のメンバーとよく話すのは「あれは、世界で自分たちだけがやったものなんだ」ということで、それに関しては誇りに思っています。

――ブルーインパルスを始め、１９６４年の開会式は大成功に終わったわけですが、式典担当の熊谷さんは、成功に導いた最大の要因は何だったと思われますか？

熊谷 当時は、日本全体が「東京オリンピックを成功させたい」という強い思いにあふれているような感じがありました。何をするにも、協力的な方が本当に多かったんです。やはりそうした気持ちの部分が大きかったのではないでしょうか。

熊谷康氏

――国民の期待を背負っての開会式を成功させたことで喜びもひとしおだったのではないでしょうか。

熊谷　確かに式典を担当しての喜びもありましたが、それ以上にあったのは「開会式が無事に終わって本当に良かったぁ」という安堵の気持ちでした。ちょうどその時の私を報道カメラマンがガラス越しに撮影していまして、新聞記事には「大義を果たした」というようなことが書かれていましたが、もうほっとした気持ちだけでした。ブルーインパルスに関して言いますと、実は組織委員会事務局の総務部から「もしジェット機が落下したりでもしたら大変だ」と反対の声があったんです。それで私も困りまして、防衛庁から組織委員会に出向している方に相談しました。そうしたところ、航空自衛隊のブルーインパルスの責任者の方が運輸省に同行してくださって、「十分な高度もありますし、ジェット機が途中で故障して落下するということはまずありません。万が一、何かトラブルが起きた時には、東京湾を目がけていきますから大丈夫です」と言ってくださったんです。それを聞いて、安心したあまり肩の力が抜けましてねぇ。「さすがは自衛隊だ」と思いました。

――閉会式後、大会期間中はお二人はどうされていたのでしょうか？

熊谷 私は閉会式まで大きな仕事はありませんでしたので、大会期間中は各競技の入賞メダル運びを一生懸命していました（笑）。

松下 実際の会場には一度も行くことができませんでしたが、テレビでは見ていました。特に印象に残っているのは、やっぱり男子マラソン。同じ自衛隊隊員だった円谷幸吉選手の姿は忘れられません。

――実は、組織委員会からは「もう一度、閉会式で五輪のマークを描いてほしい」という要望があったそうですね。

松下　はい、ありました。開会式での曲芸飛行が非常に評判が高くて、正式にではなかったのですが、口頭でのやりとりで「閉会式でもやってほしい」という声があがったのは本当です。でも、そもそも閉会式は夜に行なわれましたから、無理な話でした。

――でも、あれは一度きりだったからこそ、価値があったのではないでしょうか？

松下　私もそう思います。それに、「もう一度やれ」と言われて、そう簡単にできるものではありません。しかもあれだけきれいな五輪のマークは、もう二度とできなかったと思います。

――そして最終日の閉会式ですが、これは開会式とはまた違うインパクトのあるものでした。

熊谷　閉会式では、まず最初に国旗を持った旗手が全員入った後に、各国の選手団が国の別なく整列して入ってくる形式で行なわれていました。もちろん、東京オリンピックでも先例にならいそういう段取りで予定していたんです。閉会式は夕暮れ時に始まりましたが、あと30分ほどで入場行進という頃になって、現場にいた担当者から電話がありまして「選手たちが整列しなくて大変なことになっている」と言うんです。それで、こちらの指示を待たずに、既に競技場の方へと移動し始めてしまったと。ですから、競技場の入場口では選手を制止するのに、大変に苦労したのではないかなと思うのですが、なんとか予定の時間まで止めてくれました。そ

東京オリンピックの閉会式では各国選手が入り交じって入場（1964年）

れは良かったのですが、旗手の入場が終わった後、隊列を組まずに入り乱れるようにして競技場に入ってきたのを見て、頭を抱えました。上半身裸で走る選手や、旗手が胴上げされる場面もあったり……。「これは困ったことになったぞ」と思いました。実は、大会開始前の会議で、記録映画を製作した市川崑監督から「閉会式では、堅苦しいものではなく、競技を終えてリラックスした選手の姿を撮りたい」というリクエストがあったんです。「それは私たちから演出することはできません」と申し上げたのですが、結果的にはその通りになりましたね。

――見ていた私たちも、「和気あいあいと

していい閉会式だなぁ」と思っていましたし、まさに「世界は一つ」ということが表現されていたと高い評価を受けました。

熊谷　式典担当としては、予定にはなかったことになって、非常に頭を抱えましたが、プラスにとらえていただき、本当にほっとしました。

「ショー」ではなく「セレモニー」だった1964年

――2回目の東京オリンピックまで、あと2年半となりましたが、今度はどんな開会式を期待されていますか？

松下　もしかしたら、また開会式には航空自衛隊が参加するかもしれませんが、今度はどんなことをしてくれるのか、楽しみでいるんです。ただ、私たちの時よりも大変であることは間違いないと思います。1964年の時と同じことをやってもダメでしょうし、国民にはそれ以上のことをやってくれるのではないかという期待感があると思うんです。その中で後輩たちがどんなパフォーマンスをしてくれるのか、待ち遠しいですね。

熊谷　私は、現在のオリンピックは、もうあの１９６４年の時とは全く次元の違うものになったと思っているんです。ですから、どんな開会式になるのかは、想像することができないというのが正直なところです。社会全体が大きく変化しましたから、仕方ないところはあるとは思うのですが、あまりにも巨大化し過ぎてしまって、なんだか私たちとはかけ離れたところで行なわれている気がするんです。開会式も「セレモニー」というより「ショー」ですよね。２０２０年東京オリンピックでは、巨額の費用を使って大々的なことをやるというよりも、誰もが東京オリンピックに思いを抱けるような、そんな温かい演出を見たいですね。

――日本全体が東京オリンピックの成功を願い、沸いていた１９６４年の時と比べると、盛り上がりという点では寂しい気がします。ただ、大学生や若い人たちと接すると、やはり彼ら彼女らは「東京オリンピックに参加したい」という気持ちを持っているんですね。そういう中で、１９６４年の時に深く関わられた熊谷さんとしては、どのようなことを期待されていますか？

熊谷　知人から「１９６４年の時に、子どもたちはどんなふうにオリンピックと関わっていたのでしょうか？」という質問を受けたことがありますが、一つは「オリンピック募金」。全国の小学生を始め、中・高校生、大学生がしてくれましたし、また開会式の時には東京都中野区の富士見小学校の児童たちによる鼓笛隊の演奏が行なわれました。さらに、小・中、高校生、

選手村の試食会に臨む安川第五郎東京オリンピック組織委員会会長（右から3人目）（1964年）

大学生の団体入場は、予期以上の人数だったのではないでしょうか。今回は大会マスコットが全国の小学生の投票で決定されましたが、子どもたちや学生が参加できる場面を増やしていってほしいですね。

1964年の功績の一つは、東京オリンピックが開催されたことによって、スポーツが国民の身近な存在になったことが挙げられると思います。国民一人一人が募金をして、自分たちの大切なお金が使われた大会という意識もあったと思いますし、会場で、またはテレビで、多くの人たちが初めてオリンピックを目にしたわけですから、絶大な影響力があったと思います。

――2020年に向けては、組織委員会、

東京都、政府の意見が食い違うこともあり、なかなか「一致団結」しているというは言い難いところがあります。1964年の時は、どうだったのでしょうか？

熊谷 当時、都知事は東さん、組織委員会会長は安川電機社長だった安川第五郎さん、そして政府のオリンピック担当大臣は河野一郎さんでした。その3人の方がトップだったわけですが、日本オリンピック委員会（JOC）の田畑事務総長を中心にして、一度は戦争で返上したオリンピックが開催できるチャンスをもらったということで、とにかく「東京オリンピックを成功させるぞ！」と言った気持ちしかありませんでした。たくさんの方がお金も時間も費やして、本当に一生懸命でした。大変なことも多々あったかと思いますが、それでも同じ気持ちを共有できていたことで、波乱はなかったと思います。2020年の成功も、そういった気持ちを一つにして、みんなで成功に導いていってほしいと思います。

熊谷康氏／松下治英氏 略歴

	オリンピック関連・世相	熊谷氏／松下氏略歴
1928 昭和3	夏季：アムステルダムオリンピック／冬季：サンモリッツオリンピック開催	
1932 昭和7	夏季：ロサンゼルスオリンピック開催 冬季：レークプラシッドオリンピック開催	熊谷康氏、東京都に生まれる 松下治英氏、東京都に生まれる
1936 昭和11	夏季：ベルリンオリンピック開催 冬季：ガルミッシュ・パルテンキルヘンオリンピック開催	
1940 昭和15	第二次世界大戦でオリンピック中止	
1944 昭和19	第二次世界大戦でオリンピック中止	
1945 昭和20	第二次世界大戦が終戦。１９４７（昭和22）年、日本国憲法施行	
1948 昭和23	夏季：ロンドンオリンピック／冬季：サンモリッツオリンピック開催	
1950 昭和25	朝鮮戦争が勃発。１９５１（昭和25）年、日米安全保障条約を締結	
1952 昭和27	夏季：ヘルシンキオリンピック開催 冬季：オスロオリンピック開催	熊谷氏、東京学芸大学短期部を卒業し、東京都教育庁に入庁
1955 昭和30	日本の高度経済成長の開始	松下氏、日本大学理工学部を卒業し、幹部候補生として航空自衛隊に入隊
1956 昭和31	夏季：メルボルンオリンピック／冬季：コルチナ・ダンペッツォオリンピック開催	
1958 昭和33		熊谷氏、東京で開催された第３回アジア競技会や、国体の運営に携わる
1959 昭和34	１９６４年東京オリンピック開催決定	
1960 昭和35	夏季：ローマオリンピック／冬季：スコーバレーオリンピック開催 ローマで第９回国際ストーク・マンデビル競技大会が開催	
1962 昭和37		松下氏、浜松基地曲芸飛行隊「ブルーインパルス」の編隊長に就任
1963 昭和38		熊谷氏、東京オリンピック組織委員会に出向。式典課に配属され、課内の中心として開閉式を担当。ブルーインパルスの上空飛行許可の交渉などに当たる

1964　昭和39	夏季：東京オリンピック・パラリンピック開催 冬季：インスブルックオリンピック開催 東海道新幹線が開業	松下氏、東京オリンピック開会式のクライマックスに、国立競技場上空に飛行機雲の五輪を描ききる。 松下氏は、隊長として1番機に搭乗
1968　昭和43	夏季：メキシコオリンピック／テルアビブパラリンピック開催 冬季：グルノーブルオリンピック開催	
1969　昭和44	日本陸上競技連盟の青木半治理事長が、日本体育協会の専務理事、日本オリンピック委員会（ＪＯＣ）の委員長に就任 アポロ11号が人類初の月面有人着陸	
1972　昭和47	夏季：ミュンヘンオリンピック／ハイデルベルクパラリンピック開催 冬季：札幌オリンピック開催	
1973　昭和48	オイルショックが始まる	
1976　昭和51	夏季：モントリオールオリンピック／トロントパラリンピック開催 冬季：インスブルックオリンピック開催 ロッキード事件が表面化	
1978　昭和53	8カ国陸上（アメリカ・ソ連・西ドイツ・イギリス・フランス・イタリア・ポーランド・日本）開催 日中平和友好条約を調印	
1980　昭和55	夏季：モスクワオリンピック開催（日本はボイコット） 夏季：アーネムパラリンピック開催 冬季：レークプラシッドオリンピック／ヤイロパラリンピック開催 冬季パラ大会への日本人初参加	
1982　昭和57	東北、上越新幹線が開業	
1984　昭和59	夏季：ロサンゼルスオリンピック開催 夏季：ニューヨーク、ストーク・マンデビルパラリンピック開催 冬季：サラエボオリンピック／インスブルックパラリンピック開催	
1985　昭和60		熊谷氏、教員に転じ、東村山第六中学校校長に就任

1988 昭和63	夏季：ソウルオリンピック・パラリンピック開催 冬季：カルガリーオリンピック／インスブルックパラリンピック開催	
1992 平成4	夏季：バルセロナオリンピック・パラリンピック開催 冬季：アルベールビルオリンピック開催 冬季：ティーニュ、アルベールビルパラリンピック開催	
1994 平成6	冬季：リレハンメルオリンピック・パラリンピック開催	
1995 平成7	阪神・淡路大震災が発生	
1996 平成8	夏季：アトランタオリンピック・パラリンピック開催	
1997 平成9	香港が中国に返還される	
1998 平成10	冬季：長野オリンピック・パラリンピック開催	
2000 平成12	夏季：シドニーオリンピック・パラリンピック開催	
2002 平成14	冬季：ソルトレークシティオリンピック・パラリンピック開催	
2004 平成16	夏季：アテネオリンピック・パラリンピック開催	
2006 平成18	冬季：トリノオリンピック・パラリンピック開催	
2007 平成19	第1回東京マラソン開催	
2008 平成20	夏季：北京オリンピック・パラリンピック開催 リーマンショックが起こる	
2010 平成22	冬季：バンクーバーオリンピック・パラリンピック開催	
2011 平成23	東日本大震災が発生	
2012 平成24	夏季：ロンドンオリンピック・パラリンピック開催 2020年東京オリンピック・パラリンピック開催決定	
2014 平成26	冬季：ソチオリンピック・パラリンピック開催	
2016 平成28	夏季：リオデジャネイロオリンピック・パラリンピック開催	
2018 平成30	冬季：平昌オリンピック・パラリンピック開催	

おわりに

『スポーツ歴史の検証』1964年東京大会を支えた人びとのインタビュアーを終えて

2017年にインタビュアーとして1964年東京オリンピック・パラリンピックを様々な分野で支えた人々の想いをお聞きすることができました。

1964年当時私は中学2年生。実際に東京オリンピックを見たのは、聖火が故郷を通り過ぎる時だけでしたが、大会の様子をテレビやラジオで見聞きし感動しました。今回インタビューした皆さんは実際に大会にかかわった人ですから説得力が違います。話を聞きながら歴史の真実が浮かび上がり、ドキュメンタリーを見ているようにも感じました。印象に残っていることを書いてみます。

2018年の平昌(ピョンチャン)冬季オリンピックでもわかる通り、政治とオリンピックの関係は「永遠のテーマ」です。1964年東京オリンピックは日本人にとって「戦後の復興を内外にアピールし大成功を収めた大会」というイメージですが政治との関係では、実はギリギリの緊張感のなかで開催されたということがわかりました。

新聞記者として東京オリンピック報道にかかわった宮澤正幸さんは、東京オリンピックの2年前の1962年ジャカルタアジア大会で、インドネシアが台湾、イスラエルに招待状を送らず国際オリンピック委員会（ＩＯＣ）が正式大会として認めないとしたことから始まった国際スポーツ界の混乱と、それに続く東京オリンピックにあらゆる国を参加させようと努力した日本の苦悩を赤裸々に語ってくれました。結局、インドネシアの選手団は日本にたどり着きながらも不参加となり帰国してしまいました。

この時インドネシア選手団の通訳をしていた島田晴雄さんは、選手団の飛行機が羽田を飛び立った時「なぜオリンピックはスポーツの祭典なのに……」と思うと涙が止まらなかったそうです。２０２０年はどんな理由があろうとすべての国・地域が参加してほしいと強く思いました。

テレビ放送の杉山さん、コンパニオンの星野さん、陸上競技役員の野﨑さん、ピクトグラムの制作者村越さん、パラリンピックに通訳で参加した吉田さん、組織委で人事を担当された野村さん、選手村理髪店の遠藤さん、同じく食堂の鈴木さん、組織委式典担当の熊谷さん、ブルーインパルスの松下さん。

すべての登場した方々のお話を復習できないのは残念ですが、みなさん共通して言えることは「オリンピックのためなら」「東京オリンピックを成功させたい」の強烈な思いでそれぞれの仕事をしていたことです。

最後にまとめとして1964年以来国旗を通じて国際理解を図る運動をしている吹浦忠正さんのインタビューから出た言葉を紹介します。

「正直言えば1964年当時と比べてこれだけ社会や生活が多様化している現在、オリンピック・パラリンピックだけに注目を集めるのはむずかしい。大切なのはオリンピック・パラリンピックをどう社会や教育に還元していくかということ。その部分により知恵を絞るべきだと思う」

このインタビューを通じて得た様々なことがらが、2020年の東京オリンピック・パラリンピックの成功につながり、更にそのLegacyが日本の明るい将来の実現に寄与することになれば良いと考えます。

元NHKチーフアナウンサー　佐塚元章

企画・制作　公益財団法人 笹川スポーツ財団
構成・写真　株式会社フォート・キシモト

スポーツ歴史の検証

1964年東京大会を支えた人びと

2019年4月19日　初版発行

発行者　宮田一登志
発行所　株式会社新紀元社
〒101-0054
東京都千代田区神田錦町1-7 錦町一丁目ビル2F
TEL:03-3219-0921　FAX:03-3219-0922
http://www.shinkigensha.co.jp/
郵便振替　00110-4-27618

デザイン　金井久幸 [TwoThree]
印刷・製本　中央精版印刷株式会社

ISBN978-4-7753-1709-9

定価はカバーに表示してあります。
Printed in Japan